DIE GROSSEN HÄUPTLINGE DER APACHEN

Rainer Kottmann

DIE GROSSEN HÄUPTLINGE DER APACHEN

Mangas Coloradas – Cochise – Victorio – Geronimo

Für meine Mutter – und für Kathi, die mich beim Schreiben des Buches mit Rat und Tat unterstützt hat.

Impressum

Bibliografische Informationen der Deutschen Nationalbibliothek
Die Deutsche Nationalbibliothek verzeichnet diese Publikation in der Deutschen Nationalbibliografie; detaillierte bibliografische Daten sind im Internet über http://dnb.d-nb.de abrufbar.

ISBN: 978-3-86408-235-1

www.vergangenheitsverlag.de

Coverbild: Geronimo, Anführer der Chiricahua-Apachen, 1886
© Library of Congress, LC-USZ62-36613

Klappenbild: White-Mountain-Apachen
© Everett Historical / Shutterstock

Karten: Thomas Klein, Freiburg

Inhalt

3. Kapitel
Cochise: Rache und Freundschaft 71

4. Kapitel
Victorio: Der Kampf um die Heimat 100

Vorwort

Die Apachen sind dank der Romane Karl Mays und zahlreicher Western in TV und Kino in Deutschland keine Unbekannten. Viele Menschen assoziieren sogleich bestimmte Vorstellungen und Bilder mit ihnen. Doch sachliche Informationen über das Leben und Kämpfen von „Winnetous Stammesbrüdern" im 19. Jh. gibt es kaum.

Die vier Lebensbeschreibungen der hier vorgestellten bedeutenden Apachenanführer sollen da ein wenig Abhilfe schaffen. Die Biografien umfassen einen Zeitraum von nicht ganz 120 Jahren – von der Geburt von Mangas Coloradas um etwa 1790 bis zum Tod von Geronimo 1909. Während dieser Zeitspanne wandelte sich die Lebenswelt der Apachen grundlegend und ihr freies, ungebundenes Nomadenleben ging unwiderruflich unter. Mit den Biografien eng verknüpft ist die Eroberung und Besiedlungsgeschichte des Südwestens durch die US-Amerikaner im 19. Jh. Dieser Prozess, der den Lebensraum der Indianer mehr und mehr einengte, fand für die Chiricahua-Apachen 1886 mit Geronimos Kapitulation und der Deportation nach Florida ein jähes Ende.

Das erste Kapitel vermittelt einen Einblick in die Kultur und Geschichte der Apachen. Die anschließenden Biografien konzentrieren sich auf die wesentlichen Ereignisse im Leben der vier Häuptlinge. Da Apachen jener Zeit keine schriftlichen Zeugnisse hinterlassen haben, sind es neben wenigen Zivilisten vor allem die Berichte der Armee und Aussagen von Mitarbeitern der Indianerbehörde die Auskunft geben. Gezielte Interviews mit

Apachen wurden erst im 20. Jh. durchgeführt. Allerdings widersprechen sich die verschiedenen Quellen auch häufig und selbst der Sekundärliteratur gelingt es nicht immer, für mehr Klarheit zu sorgen. Wer sich weitergehend mit den beschriebenen Apachenhäuptlingen oder den Apachen beschäftigen will, findet in der Literaturliste einschlägige Hinweise.

Danken möchte ich Herrn Peter Bolz, der früher für die Nordamerika-Abteilung des Ethnologischen Museums in Berlin verantwortlich war. Er hat verschiedene Teile des Manuskripts durchgesehen und ich verdanke ihm eine Reihe von Anregungen und Hinweisen. Sollten sich dennoch Ungenauigkeiten oder Fehler eingeschlichen haben, so liegen diese in der Verantwortung des Autors. Mein Dank geht auch an den Kartografen Thomas Klein aus Freiburg für die Gestaltung der Karten.

1. Kapitel
Die Apachen: Von subarktischen Jägern zu den „Adlern des Südwestens“

Ein Stamm mit vielen Zweigen

Die Apacheria

Die Apachen gehören wie die heißen, trockenen Wüsten, unwegsamen Gebirgszüge, wie die Skorpione, Schlangen und stacheligen Kakteen, zu den typischen Vertretern der lebensfeindlichen Umwelt des amerikanischen Südwestens. In zahlreichen Filmen wurde diese Einheit herauf beschworen, und auch die Mythen der Apachen berichten, dass ihnen dieser Flecken Erde von ihrem Schöpfer, Yusn, zugedacht worden sei.

Allerdings sind die Apachen selbst relative Neuankömmlinge in diesem Terrain, denn ihre ursprüngliche Heimat lag im subarktischen Norden, wo sie mit anderen athapaskischen Stämmen lebten. Vermutlich begannen sie erst zwischen 1300 und 1400 aus dem heutigen Nordwestkanada Richtung Süden zu ziehen. Dabei trennten sich die einzelnen Gruppen, und erschlossen sich zum Teil ganz unterschiedliche neue Lebenswelten. Den heutigen Südwesten der USA müssen sie immerhin lange genug vor den Spaniern erreicht haben, um sich dieser Landschaft derart optimal anpassen zu können.

Der geografische Umfang ihrer neuen Heimat erstreckte sich von den südlichen Plains in Oklahoma und Texas bis zu den Gebirgen und Wüsten New Mexicos und Arizonas, in nördlicher Richtung bis hinein nach Colo-

Abb. 1: Der Salt River Canyon markiert heute die Grenze zwischen der San-Carlos- und der nördlichen Fort-Apache-Reservation.

Abb. 2: Auch wenn die Fort-Apache-Reservation zuweilen bergig und karg wirkt, finden sich dort sehr viele Kiefernwälder.

rado, im Süden bis tief in die mexikanischen Bundesstaaten Sonora und Chihuahua. Dieses gewaltige Areal wurde von den Spaniern Apacheria genannt. Ursprünglich war das Territorium der Apachen auf den Plains viel umfangreicher, aber anderen Stämmen, vor allem den Comanchen, gelang es, sie immer weiter westwärts zu drängen.

Das harte Klima konfrontierte die Einwanderer sowohl mit extremer Hitze als auch mit großer Kälte. Die Vegetation und die Tierwelt war zwar sehr artenreich, aber viele der Pflanzen waren voller Dornen und Stacheln, und Raubtiere wie Bären und Pumas bedrohten ihr Leben. Unwegsame, schroffe Berge und ausgedehnte Wüsten trennten die einzelnen Gruppen voneinander und erschwerten Kontakte.

Aber den Apachen gelang es, ihre Lebensform in idealer Weise an die neue Umgebung anzupassen. Dabei übernahmen sie einige Verhaltensweisen und religiöse Elemente von benachbarten Völkern, und manches andere aus ihrer ursprünglichen nomadischen Jägerkultur ging verloren. In den Ebenen der Plains wurden beispielsweise Bräuche der Kiowas übernommen. Die bis in den Südwesten vordringenden Stämme hingegen nahmen Einflüsse der unterschiedlichen Pueblo-Kulturen auf, wie einzelne Teile ihres Glaubenssystems oder auch landwirtschaftliche Praktiken.

Auch die Art ihrer Wohnstätten unterschied sich je nach Region. So waren auf den Plains Tipis gebräuchlich, doch im rauen, zerklüfteten Hochland wurde eine einfache, kuppelförmige Unterkunft namens Wickiup bevorzugt. Deren kuppelförmiges Gerüst wurde aus kräftigen, aber biegsamen Eichen- oder Weidenzweigen gebildet, die von Yuccafasern zusammengehalten und mit Gebüsch oder Häuten bedeckt wurden. Der Bau von Tipis und Wickiups war übrigens in allen Apachengruppen die Aufgabe der Frauen.

Der Begriff „Apache“ scheint eine Fremdbezeichnung des Pueblo-Stammes der Zuni zu sein. „Ápachu“ („Feind“) nannten sie ihre Nachbarn, die Navajo, welche ebenfalls zur südathapaskischen Stammesfamilie gehö-

Abb. 3: Eine Apachenfamilie vor ihren Wickiups.

ren. Das deutet bereits die problematischen Beziehungen zwischen den Pueblo-Kulturen und den athapaskischen Völkern an. Sich selbst nannten die Apachen, je nach ihrer regionalen Kultur, entweder „Diné", „Tin-ne-áh", „tinneh", „tinde" oder „inde", was mit „die Menschen" oder „das Volk" übersetzt werden kann.

Aber von einem einzigen Volk zu sprechen, erweckt falsche Vorstellungen, denn insgesamt gab es sechs verschiedene Apachen-Stämme, die sich zum Teil aus mehreren Untergruppen zusammen setzten. Sie weisen zwar mit einer verwandten Sprache sowie ähnlichen Mythen und Bräuchen viele Gemeinsamkeiten auf, doch bedingt durch die räumlich sehr großen Entfernungen auch gewisse Unterschiede. Die Apachen waren nicht zentral organisiert. Jeder Stamm, ja, jeder Verband, traf eigene Entscheidungen und schloss eigene, zeitlich begrenzte Bündnisse. Es dauerte lange, bis die jeweiligen Kolonialmächte die einzelnen Gruppen richtig identifizieren konnten und die komplexen Beziehungen mehr oder weniger überblickten. Dass für dieselben Gruppen gleichzeitig unterschiedliche Bezeichnungen existierten, erschwerte die Sache zusätzlich. Im folgenden soll ein grober Überblick über die verschiedenen Stämme mit ihren einzelnen Untergruppen oder Verbänden („bands") gegeben werden (siehe auch Karte 1 in der vorderen Buchklappe).

Mescalero

Karl-May-Lesern sind die Mescalero-Apachen bestens vertraut, denn Winnetou, seine populärste Romanfigur, gehört zu diesem Stamm. Allerdings enthalten seine Schilderungen einige unrichtige Angaben, so hat es beispielsweise nie einen einzigen Häuptling gegeben, dem

alle Apachen gefolgt wären (siehe Abschnitt „Die politische Führung").
Die spanische Bezeichnung „Mescalero" bedeutet „Volk des Mescal" oder „Mescalhersteller". Dieser Name ist jedoch etwas irreführend, denn Mescal, eine Agavenart, spielte zwar bei der Ernährung der Mescalero eine wichtige Rolle, doch traf dies auf die meisten anderen Apachengruppen auch zu. Sie selbst nennen sich daher schlicht Ndé, eine Dialektvariante der Apachenbezeichnung für ihr Volk. Das Jagdgebiet der Mescalero reichte ursprünglich bis in die büffelreichen Ebenen von Texas hinein. Heute bewohnen sie gemeinsam mit Überresten der Lipan- und einem Teil der Chiricahua-Apachen eine Reservation im östlichen New Mexico. Dort leben heute etwa 4000 Menschen.

Jicarilla

Der Name „Jicarilla" wird im allgemeinen mit „Körbchen" oder „Körbchenflechter" übersetzt, und verweist auf die besondere Geschicklichkeit dieses Stammes beim Herstellen von Körben. Die Jicarilla waren im nördlichen New Mexico und im südlichen Colorado heimisch. Sie setzten sich aus zwei Gruppen zusammen, den westlich des Rio Grande in den Bergen lebenden Olleros sowie den östlich davon lebenden Llaneros. Während die Olleros halbsesshafte Bodenbauern waren, lebten die Llaneros vor allem von der Jagd auf Büffelherden in den Ebenen der Prärie. Die Zugehörigkeit zu einem dieser beiden Verbände spielte eine wichtige Rolle beim jährlich durchgeführten zeremoniellen Staffellauf, der einer der Höhepunkte im Festkalender des Stammes war.
Zu den Mescalero standen die Jicarilla stets in einvernehmlichem Kontakt, ihr Verhältnis zu den Navajo je-

doch war angespannt. Eine besonders enge Verbindung unterhielten sie zu den weiter östlich lebenden Lipan. In ihrer heutigen Reservation im Norden New Mexicos wurden Ende des 20. Jh. über 3000 Bewohner gezählt.

Lipan

Auch bei den Lipan spielte die Büffeljagd eine zentrale Rolle. Ihr Name bezieht sich auf ihre wesentliche Nahrungsgrundlage, der Büffeljagd mit Pferden, denn „Lii“ bedeutet in ihrer Sprache „Pferd“ und „iyane“ „Bison“. Der Lebensraum der Lipan lag daher auch sehr viel östlicher und zwar in den Ebenen des westlichen bis zentralen Texas, wo die großen Büffelherden weideten.

Anders als die anderen Apachenstämme wurden die Lipan im 18. Jh., als Texas noch zum spanischen Kolonialreich gehörte, christlich missioniert. Doch ihre Bekehrung war sicher nicht sehr tiefgehend. Häufig verließen sie die nur notdürftig ausgestatteten Missionsstationen, um selbst für ihren Lebensunterhalt zu sorgen, und trotz der Missionierung befanden sie sich meist gegen die spanischen, mexikanischen und schließlich US-amerikanischen Eroberer im Krieg. Ihre Zahl nahm schließlich derartig ab, dass sie ihre Kämpfe einstellen mussten. Seit 1905 existieren die Lipan nicht mehr als eigenständiger Stamm. Die 37 übrig gebliebenen Lipan zogen auf die Mescalero-Reservation in New Mexico, wo sie mit den Mescalero und den später dazu kommenden Chiricahua verschmolzen.

Nachfahren der Lipan in Texas gründeten Ende des 20. Jh. die „Lipan Apache Band of Texas“, von der sich nur wenige Jahre darauf wegen interner Konflikte der „Lipan Apache Tribe of Texas“ abspaltete.

Kiowa-Apachen

Nördlich der Lipan, vor allem im heutigen Oklahoma, lebte die kleine Gruppe der Kiowa-Apachen. Dieser häufig auch als Plains-Apachen bezeichnete Stamm hatte im Gegensatz zu den anderen Apachenstämmen dem Druck der Comanchen widerstehen und sich dort behaupten können. Dies verdankten sie vor allem ihrer engen Beziehung zu den Kiowas, mit denen sie gemeinsam auf die Büffeljagd gingen und Zeremonien feierten. Überhaupt passten sie sich deren Bräuchen so stark an, dass man sie sogar zu den Untergruppen der Kiowas zählt. Trotz enger sprachlicher Verwandtschaft mit den Jicarilla und Lipan brach mit der räumlichen Trennung auch jede politische Verbindung zu den anderen Apachenstämmen ab.

Unter dem offiziellen Namen „Apache Tribe of Oklahoma“ oder auch der Bezeichnung „Naishan Apache“ leben die Kiowa-Apachen noch heute in der selben Region. Bei Anadarko steht ihnen eine kleine Reservation zur Verfügung, wo Ende des 20. Jh. etwa 1500 von ihnen lebten.

Chiricahua

Die Chiricahua-Apachen sind nach den Chiricahua Mountains im Südosten Arizonas benannt, ihr Lebensraum erstreckte sich jedoch bis weit in das angrenzende, südliche New Mexico und das nördliche Mexiko hinein. Die Chiricahua sind vor allem wegen ihrer kriegerischen Haltung und ihrem langen Kampf gegen die US-Armee bekannt. Während der sogenannten Apachen-Kriege spielten sie eine führende Rolle. Mit ihrer anschließenden 27-jährigen Kriegsgefangenschaft zahlten sie dafür einen besonders hohen Preis.

Die Chiricahua setzen sich aus vier verschiedenen Verbänden zusammen, die alle eine starke Eigenständigkeit besitzen. Die Chokonen, wie sie sich selbst nennen, werden auch als Zentrale Chiricahua bezeichnet, da ihr Siedlungsgebiet in dem namensgebenden Gebirge lag. In der älteren Literatur tauchen sie oft allgemein als Chiricahua auf.

Die größte der vier Gruppen waren die Östlichen Chiricahua. Sie nannten sich selbst Chihenne, was soviel wie „Volk der roten Farbe" bedeutet. Dieser Name bezieht sich vermutlich auf die vom reichen Kupfervorkommen rot gefärbte Erde ihres Siedlungsgebietes. Die Chihenne waren als ganzer Stamm oder auch einzelne ihrer Untergruppen unter verschiedenen Namen bekannt, die sich von ihrem jeweiligen geografischen Lebensraum ableiteten. So nannte man sie am Mimbres Fluss einfach Mimbres oder auch Mimbreños, an den warmen Quellen bei Ojo Caliente in New Mexico Warm-Springs-Apachen oder in der Nähe der Kupfermine von Santa Rita Coppermine-Apachen.

In engem Kontakt zu den Chihenne standen die Bedonkohe, die nach ihren Lebensräumen in den Mogollon Mountains und dem Gila River auch als Mogollon- oder Gila-Apachen bekannt waren. Sie lebten im Grenzbereich von Arizona und New Mexico. Da die Bedonkohe nur eine kleine Gruppe waren, gingen sie seit den 60er Jahren des 19. Jh. in den größeren Verbänden auf. Nach dem Tod ihres Anführers Mangas Coloradas folgten die meisten Bedonkohe den Chokonen unter Cochise.

Die Nedhni schließlich, auch als Bronco-Apachen bezeichnet, sind die südlichste Gruppe der Chiricahua. Ihr Siedlungsgebiet befand sich hauptsächlich im nördlichen

Mexiko, aber sie hielten sich auch in den angrenzenden südlichen Regionen Arizonas und New Mexicos auf. Ihr Name ist eine Selbstbezeichnung und bedeutet „Feinde" oder „feindliches Volk", woraus sich schließen lässt, dass die Nedhni ihren Nachbarn nicht gerade wohlgesonnen waren.

Zwar waren alle diese Gruppen Nomaden, doch verfügten sie über bevorzugte Standquartiere oder Basislager, die sie vor allem im Winter aufsuchten. 1913, nach Aufhebung der Kriegsgefangenschaft, gingen 187 Chiricahua in die Mescalero-Reservation und verschmolzen mit der dortigen Bevölkerung. 84 jedoch blieben in Fort Sill, Oklahoma, zurück, wo mittlerweile um die 300 Menschen leben. Zwar sind sie dort als „Fort Sill Apache Tribe" ein anerkannter Indianerstamm und sie besitzen auch Land, eine eigene Reservation steht ihnen in Oklahoma aber nicht zur Verfügung.

Seit einigen Jahren verfolgen sie den Plan, in ihr angestammtes Gebiet nach New Mexico zurückzukehren. Bei Deming, im Süden des Bundesstaates, wurde bereits Land gekauft, das schon als Reservation anerkannt wurde. Alle vier in diesem Buch vorgestellten Häuptlinge gehören dem Stamm der Chiricahua an.

Westliche Apachen

Die einzelnen westlich der Chiricahua lebenden Gruppen werden als Westliche Apachen zusammengefasst. Sie lebten im südlichen bis zentralen Arizona. Zu ihnen gehören die Verbände der White Mountain, San Carlos, Tonto und Cibecue. Die White Mountain wurden auch Coyotero genannt, zuweilen diente diese Bezeichnung allerdings auch für die gesamte Gruppe der Westlichen

Apachen. Eine bedeutende Untergruppe der San-Carlos-Apachen waren die Arivaipa mit ihrem Anführer Eskiminzin.
Die westlichen Gruppen akzeptierten die Errichtung von Camps und Forts durch die neuen weißen Machthaber, wobei sich vor allem die White Mountain und die Cibecue kooperativ zeigten. Aber ihre Zugeständnisse sollten bitter enttäuscht werden.
Als eines der traurigsten Ereignisse in der Geschichte der Westlichen Apachen gilt das Camp-Grant-Massaker von 1871, bei dem nach den meisten Quellen mehr als 100 San-Carlos-Apachen ums Leben kamen, darunter etwa 75 Frauen und Kinder. Ein Mob weißer Einwohner aus Tucson mit verbündeten Papago-Indianern (heute: Tohono O´odham) trug dafür die Verantwortung.. Das Entsetzen darüber war auch im Osten der USA groß, so dass die Regierung im Rahmen einer Friedensinitiative sichere Reservationen errichten ließ, um zukünftig derartige Gräueltaten zu verhindern. Aber neben der Absicht, den Indianern in einer aufgeheizten Atmosphäre Schutz und Sicherheit zu bieten, wurde auf diese Weise auch die Landnahme der Weißen vereinfacht und die Kontrolle über die Indianer verstärkt.
Als General Crook 1871 das Kommando im Südwesten übernahm, setzte er bevorzugt Apachenscouts im Kampf gegen ihr eigenes Volk ein. Neben den Diensten der Chiricahua vertraute er dabei vor allem auf die White Mountain. Da die Tonto nach wie vor für Unruhe sorgten und sporadisch immer wieder Überfälle verübten, ging Crook im Winter 1872 militärisch gegen sie vor. Nach einigen Monaten gaben sie ihren Widerstand auf und hatten am Ende mehrere hundert Opfer zu beklagen.

Abb. 4: Der White Mountain Tsoe war einer der wichtigsten Scouts von General Crook. Wegen seiner ungewöhnlich hellen Haut und seinen rosigen Wangen erhielt er den Spitznamen Peaches (engl.: Pfirsich).

Heute existieren mehrere Reservationen für die Westlichen Apachen. Die beiden größten befinden sich östlich von Phönix: die San-Carlos-Reservation wird von der gleichnamigen Gruppe bewohnt, die nördlich angrenzende Fort-Apache-Reservation von den White Mountain. Daneben gibt es noch zwei weitere kleinere Reservationen in Arizona: das von Tonto und Yavapai gemeinsam bewohnte Camp Verde zwischen Fort Apache und Verde River sowie jenes, ebenfalls von Tonto bewohnte Gebiet, südlich von Payson.

Navajo

Da die Navajo, wie die Apachen auch, ebenfalls zu den südathapaskischen Stämmen gehören, soll hier zumindest kurz auf sie eingegangen werden. Denn als die Spanier zum ersten Mal Kontakt mit den Navajo hatten, besaßen sie natürlich kein ethnografisches Wissen über die indigenen Völker, und daher nannten sie zunächst alle athapaskisch sprechenden Kulturen Apachen. 1626 tauchte in den Dokumenten erstmals die Bezeichnung „Apaches de Nabaju" auf, die schließlich ab etwa 1700 zu Navajo vereinfacht wurde. Sie selbst bezeichnen sich übrigens wie die Apachen auch als „Diné", also „das Volk" oder „die Menschen".

Noch stärker als die meisten Apachengruppen übernahmen die Navajo kulturelle Elemente von ihren Nachbarvölkern. Wie die Apachen verdanken auch sie dem Einfluss der Spanier, dass das Pferd zu einem wichtigen Teil ihrer Kultur wurde. Natürlich war das von der Kolonialmacht nicht beabsichtigt, denn die kriegerische Schlagkraft der beiden Stämme erhöhte sich dadurch um ein Vielfaches. Darüber hinaus adaptierten die Navajo

von den Spaniern die Haltung von Schafen und Ziegen. Aber auch die sesshaften Pueblo-Völker beeinflussten die Navajo. Von ihnen erlernten sie den Bodenbau und das Weben, bei dem sie es zu großer Meisterschaft brachten. Zudem übernahmen sie wesentliche Teile ihres religiösen Systems. Von den Mexikanern lernten sie das Schmieden von Silberschmuck, das sie schließlich derart beherrschten, dass sie sogar ihre Lehrer darin übertrafen.
Heute bilden die Navajo mit über 200 000 Menschen die zweitgrößte Indianerpopulation in den USA. Ihre Reservation im nordöstlichen Arizona auf dem Colorado-Plateau ist die größte in den Vereinigten Staaten und ragt in die Nachbarstaaten New Mexico, Utah und Colorado hinein.

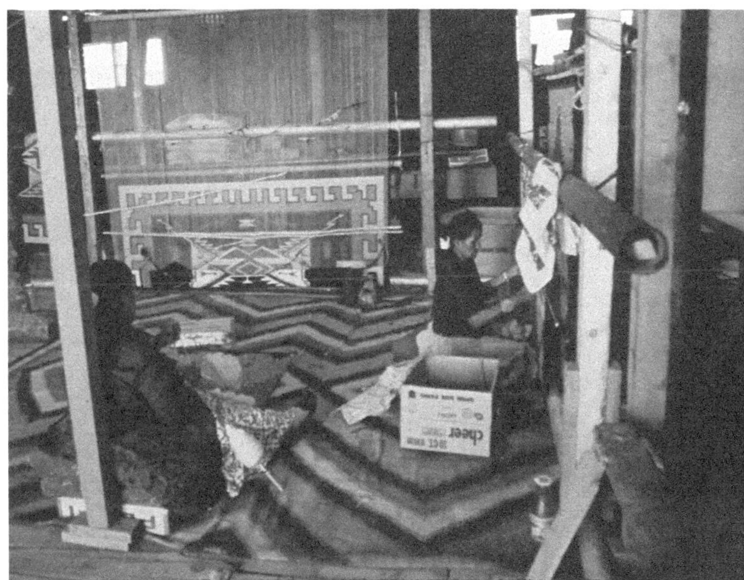

Abb. 5: Navajofrauen weben auch heute noch, aber jetzt sind es vor allem Touristen, die ihre Ware abnehmen.

Strategien des Überlebens

Obwohl die Apacheria in besonderer Weise von Gebirgen, schroffen Felsen und Wüsten mit extremen Temperaturen geprägt war, gelang es den Apachen, in dieser menschenfeindlichen Region zu überleben. Sie passten sich optimal diesen harten Umweltbedingungen an. Zu ihrer Lebensgrundlage wurden dabei vor allem die Jagd und das Sammeln von Pflanzen, Beeren oder Wurzeln. Aber auch Beutezüge sah man als legitimes Mittel zur Lebenserhaltung an, während der Landwirtschaft eher eine marginale Rolle zukam.

Die Jagd

Eine der wichtigsten Hauptquellen ihrer Nahrung war für alle Apachen die Jagd, die die Domäne der Männer war. Schon die Jungen lernten den Umgang mit Pfeil und Bogen und sobald sie ihre ersten kleinen Tiere erlegt hatten, brachte man ihnen die Laute und Rufe der Tiere und Vögel bei, um sie anzulocken. Als die ersten Apachengruppen das Pferd als Reittier nutzten, vermutlich bereits im 17. Jh., erweiterte das ihr Jagdgebiet natürlich enorm. Das Spektrum ihrer Beutetiere war so vielfältig wie die geografischen Lebensräume, in denen sie lebten. In den Ebenen des Ostens wurden Büffel (richtiger „amerikanischer Bison") und die nordamerikanische Antilope, der Gabelbock, gejagt. Dieser kam auch in den Wüsten und Halbwüsten des Südwestens vor, und breitete sich nach der europäischen Besiedlung immer mehr in gebirgige Zonen aus, wo er mit Hirschen und Rehen zu den bevorzugten Beutetieren gehörte. Ergänzt wurde die Speisekarte mit kleineren Tieren wie Kaninchen und

Opossums. Einige Tiere wie Bären, Coyoten oder Schlangen waren bei manchen Stämmen aus religiösen Gründen von der Jagd ausgenommen. Ein ähnliches Tabu kannten die Westlichen Apachen, die auf Fisch verzichteten.

Sammeln

Fester Bestandteil der Nahrungsversorgung war bei allen Stämmen die Sammelwirtschaft. Frauen und Mädchen sammelten wildwachsende Pflanzen, Wurzeln und Früchte, die nicht nur eine wichtige Nahrungsergänzung waren, sondern auch bei der Heilung von Krankheiten und Verletzungen eingesetzt wurden.

Je nach Reife- und Erntezeiten der verschiedenen Pflanzen wurden die Lagerplätze des Stammes in das aktuelle Sammelgebiet verlegt. Die Saison begann im Frühjahr mit der Suche nach wilden Zwiebeln, Yucca, Kaktusfrüchten und ersten Beeren. Die größte Sammelaktion begann im Mai, wenn es darum ging, frische Stengel einer bestimmten Agavenart, Mescal („century plant“), zu finden. Auch die fleischige Krone dieser Pflanze war begehrt und ein wichtiger Bestandteil ihrer Ernährung. Die Apachen fertigten daraus eine Paste, die sie entweder gleich verzehrten oder zu kleinen Kuchen weiterverarbeiteten, die getrocknet praktisch unbegrenzt haltbar waren. Aus dem Herzen der Mescal-Agave wurde das beliebte alkoholische, bierähnliche Getränk Tiswin hergestellt.

Bis zum Herbst ernteten die Frauen unter anderem wilde Kartoffeln, Himbeeren, Erdbeeren, Wacholderbeeren und wilden Tabak. Wenn im Oktober schließlich der Mais reif war, wurde er entweder gleich gegessen, für spätere Verwendung getrocknet oder auch zu einem starken Bier namens Tula-pah verarbeitet. Im Spätherbst ergänzten Eicheln, Nüsse und Samen den Speisezettel. Die Frauen konnten aus einer Mischung aus Eicheln, Nesselbaumfrüchten und einer speziellen Bohnensorte ein Brot zu bereiten.

Landwirtschaft

Die Landwirtschaft spielte nur für einige Stämme und auch nur in begrenztem Umfang eine Rolle. Am wenigsten wurde sie von den Jicarilla genutzt, während die einzelnen Chiricahua-Gruppen in unterschiedlichem Ausmaß auf sie zurück griffen. Die Westlichen Apachen hingegen verfügten über ausgereifte Verfahren, mit denen sie Mais, Bohnen und Kürbis, aber auch Zwiebeln und Chili anbauten.

Raub und Krieg

Zum festen Bestandteil der Apachen-Ökonomie gehörten auch Plünderungen und Raubzüge. Ähnlich wie das Jagen dienten sie dazu, Nahrung und andere wichtige Dinge des Lebens zu beschaffen. Dabei war es nicht die Absicht, Dörfer und Farmen zu zerstören oder Menschen zu vertreiben oder zu töten. Insofern unterscheiden sich die Raubzüge der Apachen deutlich von ihren Kriegszügen und stellen eher eine Art des „Ernte Einbringens“ dar. Sie achteten auch stets darauf, ihren Opfern genügend zum Überleben zu lassen, denn die Apachen wollten ihre Quelle schließlich nicht zum versiegen bringen, sondern sie auch in Zukunft weiter nutzen.

Wie können wir uns diese Raubzüge vorstellen? Beispielsweise konnte eine ältere Frau darauf hinweisen, dass die Vorräte zur Neige gingen. Ein Anführer oder Krieger gab daraufhin seinen Plan für einen Raubzug bekannt, für den er damit die Verantwortung übernahm und Mitstreiter suchte. Für den Überfall wurden kleine Gruppen zusammengestellt, die meist nur etwa ein halbes Dutzend Krieger umfassten, selten mehr.

Die Angreifer hatten es vor allem auf Pferde und Vieh abgesehen, aber sie nahmen auch gern Gefangene. Manche der gefangenen jungen Männer wurden in den Stamm adoptiert, und einige der Frauen gingen eine eheliche Verbindung mit einem Apachen ein. Weitere Gefangene dienten als Tauschobjekt mit anderen Stämmen. Begehrte Beute waren aber auch Lebensmittel, Waffen und Munition, Decken, Kleidung oder Kochgeschirr. Waren in früheren Zeiten benachbarte Indianerstämme das Ziel derartiger Raubzüge, so gerieten später Spanier, Mexikaner und auch Amerikaner ins Visier der Apachen.

Hatten sie das Territorium des Feindes erreicht, so versuchten sie jede Begegnung mit ihm zu vermeiden. Bevorzugte Ziele waren deshalb einsam gelegene Farmen oder kleine mexikanische Dörfer, die vor allem in der Dunkelheit der frühen Morgenstunden überfallen wurden. Erfahrene Räuber konnten ein Dutzend Pferde oder Maultiere aus einer Koppel locken und hatten bereits einige Meilen zurückgelegt, ehe der Eigentümer den Diebstahl bemerkte. Da sie oft mehrere Nächte ohne Schlaf durchritten, gelang ihnen in den meisten Fällen die Flucht. Wieder bei den eigenen Leuten, wurde das Beutegut unter den Verwandten verteilt. Auch Bedürftige, die keinen Versorger in der Familie hatten, erhielten einen Anteil. Auf diese Weise stellte man die Versorgung der gesamten Gruppe sicher.

Bei den Kriegen allerdings ging es vor allem darum, den Feind zu töten. Ein Hauptmotiv für die Apachen, in den Kampf zu ziehen, war die Rache für ein getötetes Stammesmitglied. Die Verwandten des Toten organisierten dann einen Feldzug und mobilisierten eine Kriegsgesellschaft, deren Kämpfer aus verschiedenen lokalen Gruppen kommen konnten.

Dabei fanden sich weitaus mehr Krieger als bei den Raubzügen zusammen. Unmittelbar bevor sie zum Kampf auszogen, wurde ein mitunter die ganze Nacht dauernder Kriegstanz abgehalten. Auf dem Kriegszug führte jeder Krieger ein Täschchen mit heiligem Pollen bei sich, sowie eine am Oberkörper getragene Medizinschnur, die von einem Kriegsschamanen angefertigt worden war. Diese spirituellen Hilfsmittel sollten vor Gefahren schützen.

Traditionell nahmen die Apachen keine Skalpe von ihren getöteten Feinden. Sie hatten auch eine viel zu große Scheu vor allem, was mit dem Tod und mit Toten zusammenhängt. Dennoch verbreitete sich unter ihnen die Praxis, ihre Opfer zu verstümmeln und auch zu skalpieren. Die Indizien sprechen allerdings dafür, dass die Apachen das Skalpieren erst von den Weißen „gelernt" haben. Auch die Geldprämien, die mehrere mexikanische Bundesstaaten auf Apachenskalps zahlten, dürften sie darin bestärkt haben, es den Weißen gleich zu tun.

Handel und Tausch

Produkte des alltäglichen Lebens, die sie nicht selbst herstellen oder erwirtschaften konnten, versuchten sie von benachbarten Stämmen zu tauschen. Sie boten z. B. Felle, Gefangene oder Beutegut aus Raubzügen an und erhielten im Austausch dafür von den Pueblos Lebensmittel und Tabak und von den Navajos gewebte Decken. Auf mexikanischen Märkten erwarben sie einfache Haushaltsgegenstände. Besonders begehrt waren natürlich Waffen und auch Munition, die immer wieder benötigt wurde.

Die Großfamilie

Die Großfamilien innerhalb einer lokalen Gruppe umfassten neben den Männern, ihren Ehefrauen und unverheirateten Kindern auch die verheirateten Töchter mit ihren Ehemännern und Kindern. Zwar lebten sie alle im gleichen Familienverbund, doch jeder Kernfamilie stand eine eigene Wohnstätte zur Verfügung.

Liebe, Brautwerbung und Heirat

Heirat ist in den meisten traditionellen Gesellschaften eine Angelegenheit zwischen zwei Familien. Das sah in der Apachenkultur nicht anders aus. Musste die Liebe zwischen zwei jungen Menschen damit auf der Strecke bleiben? Der gegenseitige Kontakt zwischen Mädchen und Jungen war von Zurückhaltung und Verlegenheit geprägt. Im Alltag ging man sich weitgehend aus dem Weg, und sich näher kennen zu lernen, war nicht leicht. Erste vorsichtige Kontakte konnten meist nur im Beisein von anderen geknüpft werden. War sich ein Paar bei der Arbeit oder bei sozialen Tänzen näher gekommen, blieb das der Gemeinschaft in der Regel nicht verborgen.

Von Mädchen erwartete man ein eindeutig keusches Verhalten, woran sich die meisten jungen Paare auch bis zur Hochzeit hielten. Voreheliche Sex war verpönt, er galt als ernstes Vergehen und als Beleidigung für die El-

Abb. 6: Die feine Garderobe dieser Apachenbraut wurde sicher nicht im Alltag getragen

tern des Mädchens. Die hatten in diesem Fall auch mit erheblichen finanziellen Einbußen zu rechnen. Ein „benutztes Mädchen“ war in den Augen der Apachen weniger wert als eine Jungfrau und der Brautpreis, den die Familie des Bräutigams zu zahlen hatte, fiel entsprechend niedrig aus.

Die Eltern nahmen die Neigungen ihrer Kinder zwar durchaus ernst, erwarteten aber, dass sie sich an die Regeln des Gemeinschaftslebens hielten. Hatten sie von den Heiratsabsichten ihrer Kinder erfahren, handelten die Eltern die weiteren Details untereinander aus. Wurde zwischen den beiden Familien eine Einigung erzielt, so schickten die Eltern des Mannes der Familie der Braut die vereinbarten Gaben als Brautpreis, beispielsweise drei Pferde, einen Sattel, Zaumzeug, ein Gewehr, eine Decke sowie lederne Leggings. Es konnten also beträchtliche materielle Werte auf dem Spiel stehen.

Da bei den Apachen das Prinzip der Matrilokalität herrschte, war es üblich, dass der Mann nach der Heirat zur Familie der Frau zog. Er war verpflichtet, nicht nur seine Frau, sondern auch ihre Familie zu versorgen. Bei seinen neuen Verwandten hatte er gewisse Tabus zu befolgen, vor allem gegenüber seiner Schwiegermutter musste er strikte Regeln einhalten: Er durfte sie weder ansprechen oder anschauen, noch auf eine andere Art mit ihr in Kontakt kommen. Die Frau hingegen brauchte nach der Hochzeit keinerlei Einschränkungen im Umgang mit ihren Schwiegereltern beachten.

Mit Ausnahme der Lipan war bei allen Apachenstämmen in unterschiedlichem Ausmaß die Polygamie erlaubt und zwar in der Form, die es dem Mann gestattet, mehr als eine Frau zu heiraten (Polygynie). Am meisten verbreitet war allerdings die Ehe mit nur einer einzigen Frau. Verfügte ein Mann jedoch über ausreichende Mittel, stand es ihm frei, eine weitere Frau zu sich zu nehmen. In der Regel hatte er eine Schwester seiner ersten Ehefrau oder eine ihrer Cousinen zu wählen. Falls diese ihren „Schwager“ jedoch nicht mochte, konnte sie bereits bei dessen

erster Heirat erklären, dass sie nicht die Absicht hätte, ihn zu heiraten. In diesem Fall bestimmten Vermeidungsregeln, ähnlich dem Schwiegermuttertabu, ihre weitere Beziehung. Standen in der Familie seiner Frau keine weiteren „Heiratskandidatinnen" zur Verfügung, musste der Mann die Erlaubnis der Familie einholen, um anderweitig auf Brautschau zu gehen.
Der Grund für die Festlegung auf die Familie der ersten Frau scheint in den ausgedehnten, komplexen Verpflichtungen des Bräutigams gegenüber seinen Schwiegereltern zu liegen. Müsste er diese gegenüber mehreren Familien erfüllen, wäre ein hoher ökonomischer Aufwand und ein unübersichtliches Chaos die Folge. Der Ehemann muss bei einer zusätzlichen Frau aus der Familie seiner Schwiegereltern auch keinen weiteren Brautpreis mehr entrichten.
Scheidungen sind im übrigen ohne großen Aufwand möglich. In der Regel reicht es einfach, das gemeinsame Leben zu beenden, ohne dass sich beide Partner dabei einig sein müssten. Zwar kann es für die Frau schwieriger sein, wenn sich der Mann dem Wunsch nach Trennung widersetzt. Doch da sie ihre Familie in der Nähe weiß, kann sie sich ihrer Unterstützung sicher sein.

Die politische Führung

Der Zusammenhalt auf Stammesebene war bei den Apachen nur gering ausgeprägt. Nur selten und zeitlich befristet existierte eine zentrale Führung. Am ehesten geschah das in Krisenzeiten während einer Epidemie oder eines Krieges. Alle praktischen Entscheidungen des

Alltags, sei es hinsichtlich sozialer Fragen, der Jagd, der Raubzüge oder religiöser Zeremonien spielten sich im Regelfall auf der Ebene der lokalen Gruppe ab. Im Übrigen durften auch Frauen an den Stammesberatungen teilnehmen und dort ihre konkreten Anliegen vorbringen.

Die einzelnen Stämme der Apachen setzten sich aus mehreren lokalen Gruppen zusammen, die jeweils wiederum aus bis zu 30 Großfamilien bestanden. Jede Familie besaß ein männliches Oberhaupt, das sie anführte. Im Rat aller Familienoberhäupter wurde beschlossen, wer die Führung der lokalen Gruppe übernehmen sollte. Derjenige, dem diese Aufgabe am ehesten zugetraut wurde, galt als „Nantan“, als Häuptling, und wurde als Gruppenanführer anerkannt. Zwar lag es nun in seiner Verantwortung, bestimmte Fragen zu entscheiden, aber gegen die Mehrheit der anderen Krieger im Rat konnte er sich nicht durchsetzen.

Anstatt absolute Befehle zu erteilen, musste er sich die Meinungen der anderen im Rat aufmerksam anhören, da er wusste, wie sehr seine eigene Position von der Unterstützung und dem Vertrauen der anderen abhing. Von einem Nantan wurde erwartet, dass er sich auf Versammlungen gut ausdrücken konnte, sich Schwachen gegenüber großzügig zeigte und es auch verstand, religiöse Zeremonien durchzuführen. Er war dafür verantwortlich, den Frieden innerhalb der Gruppe aufrecht zu halten und interne Konflikte zwischen verschiedenen Familien zu schlichten. Im Krieg sollte er umsichtig und mutig agieren.

Zwar gab es innerhalb eines Stammes keinen Oberhäuptling, doch gelang es einigen wenigen Führern

lokaler Gruppen ihren Einfluss auf weitere Kreise auszudehnen. So schafften es vereinzelte charismatische und durchsetzungsfähige Persönlichkeiten, sich die Gefolgschaft nahezu ganzer Verbände zu sichern. Zu ihnen gehörte sicher Mangas Coloradas, dem die Östlichen Chiricahua (Chihenne) folgten, aber auch Cochise, der die Zentralen Chiricahua (Chokonen) vollständig hinter sich wusste. Auf höchster Stammesebene kannten die Chiracahua jedoch keine zentrale politische Führung und somit kam es in der Regel auch nicht zu gemeinsamen Aktionen. Für derlei Absprachen lebten die einzelnen Zweige des Stammes zu weit verstreut auf ihrem weitläufigen und unübersichtlichen Siedlungsgebiet. Allerdings gab es auch Ausnahmen, so wenn Mangas Coloradas mit den Chihenne mehrfach seinen Schwiegersohn Cochise und die Chokonen im Kampf unterstützte.
Zwar war der Status eines lokalen Gruppenführers nicht erbbar, doch konnte der Sohn eines angesehenen Häuptlings allein durch dessen Einfluss und seine Erziehung in die Position eines Führers gelangen. Und wie in heutigen Gesellschaften auch, verbesserten sich bei den Chiricahua die Aussichten auf eine Führungsposition, wenn sie aus einer angesehenen, wohlhabenden Familie stammten. Daneben konnten aber auch individuelle Fähigkeiten wie öffentliches Sprechen, Interesse für die Stammesangelegenheiten und besondere Leistungen bei der Jagd oder im Krieg entscheidend für ihre Wahl sein.

Karte 3 in der hinteren Buchklappe zeigt die geografischen Schauplätze in Arizona, New Mexico und Mexiko in der 2. Hälfte des 19. Jahrhunderts.

Abb. 7: Chihuahua, ein Anführer der Chiricahua-Apachen aus der Gruppe der Chokonen. Nachdem er mit Geronimo von der San-Carlos-Reservation geflohen war, verübten sie gemeinsam zahlreiche Überfälle. Im März 1886 ergab er sich General Crook.

2. Kapitel
Mangas Coloradas: Feindschaft mit Mexiko – Verraten von den USA

Anders als Cochise oder Geronimo ist Mangas Coloradas, einer der großen historischen Apachen-Führer, in Deutschland fast unbekannt. Warum?

Viele Menschen verdanken ihr „Wissen“ über nordamerikanische Indianer den Karl-May-Filmen aus den 60er Jahren und daneben vor allem den Filmproduktionen aus Hollywood. Abgesehen von den historischen Ungenauigkeiten und romantischen Bildern thematisieren diese Filme allerdings überwiegend Ereignisse der zweiten Hälfte des 19. Jahrhunderts, einer Zeit, als die USA die Oberhoheit über den Südwesten errungen und die Apachenkriege begonnen hatten. Mangas Coloradas jedoch hat den größten Teil seines Lebens noch unter spanisch-mexikanischer Herrschaft verbracht, nur seine letzten fünfzehn Lebensjahre fielen unter US-amerikanische Regierungszeit.

Dennoch wurde auch seine Geschichte einmal zum Gegenstand eines Hollywoodstreifens: „War Drums“ (dt. Titel: „Häuptling der Apachen“) aus dem Jahr 1957. Da der Film jedoch ganz sicherlich nicht zu den Meisterwerken seines Genres gehört, wurde er nur wenig bekannt. Immerhin bemühte er sich als eine der ersten US-Produktionen darum, ein positives Indianerbild zu vermitteln. Aber wer war Mangas Coloradas?

Frühe Jahre unter spanischer Herrschaft

„Er war ein großer athletischer Mann mit mehr als stattliche 6 Fuß Größe (über 1,82 m), mit einem großen breiten Kopf, der mit mächtigem, langem Haarwuchs bedeckt war, der bis zur Taille reichte. Seine Schultern waren breit und seine Brust voll und muskulös. Er stand aufrecht und sein Schritt war stolz und insgesamt gab er durchaus ein Abbild körperlicher Männlichkeit ab. Wenn Mangas in seiner persönlichen Erscheinung jemals einen oder mehrere Ebenbürtige unter seinem Volk hatte, sah ich sie während der 5 jährigen Erfahrung in ihrem Land nie."
So die Beschreibung des US-Amerikaners Daniel E. Conner zu einem Zeitpunkt, als Mangas Coloradas vermutlich das 70. Lebensjahr schon überschritten hatte und wenig später bei einem Komplott den Tod fand.
Geboren wird Mangas Coloradas im ausgehenden 18. Jahrhundert um das Jahr 1790 in der Chiricahua-Gruppe der Bedonkohe. Über seine Herkunft gibt es kaum gesicherte Quellen, doch scheint sein Vater eine wichtige Persönlichkeit innerhalb der Gruppe gewesen zu sein. Über die Mutter erzählen sich die Apachen, sie sei mexikanischen Ursprungs, als Kind von den Chiricahua entführt und von ihnen aufgezogen worden.
Auch hinsichtlich der Jugend und frühen Erwachsenenjahre des Apachenführers sind die zeitgenössischen Dokumente keineswegs eindeutig. Dies liegt u.a. daran, dass Mangas Coloradas fast bis zu seinem 50. Lebensjahr einen anderen Namen trug. Mexikanische Quellen erwähnen Mangas Coloradas erstmals 1842, zu einem Zeitpunkt, als er bereits ein anerkannter Kriegsführer ist. Der Amerikaner Benjamin Wilson behauptete allerdings

schon 1837, ein Mangas Coloradas hätte sein Leben gerettet. Bei den Apachen war es keine Seltenheit, dass sie im Lauf ihres Lebens ihren Namen mitunter sogar mehrfach wechselten. Es bleibt die Frage nach Mangas früherem Namen.

Hier wird immer wieder auf die mexikanischen Berichte über einen Führer der Chihenne namens Fuerte verwiesen. Dieser wurde erstmals 1814 in spanischen Quellen erwähnt, etwa der Zeitpunkt, als nach Überlieferung der Apachen auch Mangas ein Führer der Chihenne wurde. Mehrere Übereinstimmungen wie Alter, Charakterzüge und die äußere Erscheinung deuten daraufhin, dass es sich bei Fuerte und Mangas Coloradas um ein und dieselbe Person handelt. Auch Fuerte ist ein stattlicher Mann, was sein Name schon andeutet („fuerte", spanisch: kräftig, männlich, stark). Darüber hinaus entsprechen die beschriebenen Aufenthaltsorte Fuertes jenen von Mangas in den 40er–60er Jahren: das Gebiet von Santa Lucia Springs, die Mogollon Mountains sowie der Ort Santa Rita del Cobre im Südwesten des heutigen New Mexico. Und: Mit dem Auftauchen von Mangas Coloradas in den zeitgenössischen Dokumenten versiegen zeitgleich die Quellen über Fuerte, ohne dass von dessen Tod berichtet worden wäre. All dies scheint dafür zu sprechen, dass Fuerte unter dem Namen Mangas Coloradas weiter lebte.

Welche äußeren Umstände herrschten in der Region, als Mangas Coloradas lebte? Zweihundert Jahre sind vergangen, seitdem die Spanier dort Fuß gefasst haben. Mangas wird in eine Zeit hineingeboren, die von kriegerischen Auseinandersetzungen zwischen Spaniern und indigener Bevölkerung geprägt ist. Vor allem die Apachen sind eine ständige Herausforderung für die Kolonialmacht, da sie sich nicht ohne weiteres in ihr Herrschaftssystem eingliedern lassen.

Um 1800 allerdings, als Mangas seine Kindheit verlebt, gibt es eine der wenigen Atempausen in diesem Dauerkonflikt. Die spanische Führung setzt zur Abwechslung einmal nicht auf militärische Mittel, sondern versucht, neue Wege zu gehen: Nach einem Waffenstillstand mit den meisten Chiricahua-Gruppen werden diese ermutigt, sich in der Nähe der spanischen „Presidios" (befestigte militärische Siedlungen) aufzuhalten, wo sie regelmäßig Lebensmittelzuteilungen und Kleidung, aber auch Waffen und Alkohol erhalten. Diese Regelung unterstützt die Indianer zwar, erzeugt andererseits aber eine Abhängigkeit und macht es den Spaniern leichter, sie zu kontrollieren. Diese Phase der relativ friedlichen Koexistenz scheint sich mindestens bis 1821, dem Ende der spanischen Herrschaft, hingezogen zu haben.

Als Mangas heiratet, wechselt er seinen Lebensmittelpunkt und schließt sich, wie bei den Apachen üblich, der Familie seiner Ehefrau an. Dies ist eine Chihenne-Gruppe, deren Lebensraum entlang der Burro Mountains in der Nähe der Quellen von Santa Lucia Springs liegt. Mangas erringt dort rasch Vertrauen und Anerkennung. Um 1814 wählt man ihn zum Anführer der lokalen Gruppe und 1820 steigt er zum Führer aller Chihenne auf.

Als kurze Zeit später der Bedonkohe-Anführer Mahko stirbt, spricht für die Bedonkohe vieles dafür, Mangas Coloradas zu seinem Nachfolger zu wählen. Schließlich war er bei ihnen aufgewachsen und hat viele Verbindungen unter ihnen, zudem genießt er als Chihenne-Führer bereits große Achtung. Also machen ihn die Bedonkohe zu ihrem Kriegshäuptling.

Exkurs: Der Weg zum Krieger

Über die Kindheit und Jugend von Mangas Coloradas ist zwar nichts bekannt, doch dürften seine ersten Schritte in die Kriegergesellschaft ähnlich wie bei anderen Chiricahua-Jungen verlaufen sein.

Die Schulung der Jungen begann in der Regel im Alter von sechs bis sieben Jahren. Nachdem der Junge mit Pfeil und Bogen vertraut war, konnte er bereits Kleintiere und Vögel jagen. Auch den Umgang mit Pferden und das Reiten lernte er von früh an. In allen wichtigen Lebensphasen unterstützten Schamanen die Kinder mit Zeremonien, Liedern und Gebeten, damit sich ihre eigene Stärke entfalten kann.

Nach und nach bekamen ältere Jungen kleine Aufgaben im Lager zugewiesen. Während dieser Zeit sammelten sie weitere Jagderfahrungen mit kleinen Säugetieren und Vögeln. Ein gängiger Rat von Erwachsenen lautete, das ganze Herz des ersten gejagten Tieres roh herunter zu schlucken, um sich das Jagdglück auf Dauer zu sichern.

Mit dem Erreichen der Pubertät, etwa mit 14 Jahren, begann die formale Krieger-Ausbildung des jungen Apachen, der in diesem Stadium Dikohe genannt wurde. Stand er bis jetzt unter der Aufsicht der Großfamilie, wachte von nun an die lokale Gruppe über ihn und der Ton wurde strenger. Ein größeres Augenmerk wurde nun auf die körperliche Fitness gelegt, die für das Überleben in der harten Natur und im Kampf grundlegend war. Wettkämpfe mit Pfeil und Bogen, im Laufen und Ringen gehörten zum Programm, wie das Üben mit der Schleuder. Ein besonderer Härtetest war es, die Jungen auf einen mehrere Meilen weiten Lauf zu schicken. Am Start gab man ihnen einen Schluck Wasser, den sie während des gesamten Laufes im Mund behalten sollten und nicht herunter schlucken durften. Bei ihrer Rückkehr wurden sie kontrolliert und mussten das Wasser wieder ausspucken. Eine strenge Vorbereitung auf den Überlebenskampf.

Schließlich stand die abschließende Stufe der Kriegerausbildung bevor: die Bewährung in der Praxis mit der Teilnahme an vier Raubzügen. Erfahrene Krieger waren dem Dikohe zur Seite gestellt und wiesen ihm zunächst Tätigkeiten innerhalb des Lagers zu. Sie waren für ihn verantwortlich, wachten über ihn und hielten ihn von Gefahren fern. Man achtete vor allem auch darauf, dass sich der junge Mann den Älteren bedingungslos unterordnete und ihnen gehorchte. Und wenn beobachtet wurde, dass er bei diesen Unternehmungen sich unehrlich oder feige zeigte, konnte dieser Makel sein Leben lang an ihm haften bleiben.

Von einem speziellem Schamanen hatte der Dikohe einige rituelle Anweisungen für diese ersten Raubzüge erhalten. Ganz wichtig waren sexuelle Enthaltsamkeit und das Tragen einer bestimmten Kopfbedeckung, die ihm spirituellen Schutz gewähren sollte. Zu den Verhaltensvorschriften gehörte außerdem, nur mit einen Schlauch oder Halm Flüssigkeiten zu trinken und, nur kalte Nahrung zu sich zu nehmen.

Normalerweise absolvierte der Dikohe innerhalb eines Jahres seinen letzten, vierten Raubzug, und wenn er sich nicht zu ungeschickt angestellt hatte, war er anschließend in die Kriegergesellschaft aufgenommen. Jetzt konnte er sich als Krieger auszeichnen, und durfte außerdem heiraten und eine Familie gründen.

Mit Mexikos Segen: Kopfgeld und Massaker

Seit 1810 tobte im Vizekönigreich Neuspanien ein Bürgerkrieg um die Unabhängigkeit der Kolonie, der 1821 mit dem mexikanischen Sieg sein Ende fand. Die Apachen müssen sich damit erneut auf Veränderungen einstellen. Der neue Staat ist in großen finanziellen Schwierigkeiten. Die Lebensmittelausgaben an die im Umkreis der Presidios lebenden Indianer werden unregelmäßig und spärlicher. Dadurch sind die meisten Chiricahua gezwungen, wieder zu ihrer früheren Lebensweise zurückzukehren, zu der traditionell auch Raubzüge gehören. In dem verschärften Klima wächst das gegenseitige Misstrauen.

Im Januar 1830 wird mit einem Treffen zwischen mehreren Chiricahua-Führern und der mexikanischen Militärführung noch einmal versucht, eine friedliche Lösung zu erzielen. Man beschließt, dass die Indianer Werkzeuge für die Landwirtschaft erhalten und einen Übersetzer bekommen sollen. Doch die gewünschten Lebensmittelrationen werden nicht bewilligt. Noch im gleichen Jahr stellt die mexikanische Regierung schließlich die gesamte Unterstützung ein und die Apachen sind von nun an wieder auf sich selbst gestellt.

Wenig später setzen ihre Raubzüge in den Bundesstaaten Sonora und Chihuahua ein. Die Gewalt zieht immer weitere Kreise, so beteiligen sich in Arizona Westliche Apachen und in den östlichen Gebieten Chiricahua und Mescalero an den Überfällen. Obwohl es unter den Chiricahua auch einige ältere Anführer gibt, die am Frieden festhalten wollen, befinden sich im Frühling 1831 fast alle Apachengruppen im Krieg gegen Mexiko.

Der mexikanische Staat greift daraufhin zu immer drakonischeren Maßnahmen. Im Herbst 1835 führt der Bundesstaat Sonora ein Kopfgeld auf Apachen ein: 100 Pesos werden für den Skalp eines männlichen, mindestens 14 jährigen Apachen gezahlt. Einige Jahre später folgt das benachbarte Chihuahua diesem Beispiel und lockt ebenfalls mit einer Skalp-Prämie für Apachen und verspricht zudem eine Belohnung für jeden gefangenen Apachen.

Ein Vorfall vom April 1837 erlangt traurige Berühmtheit. Der Amerikaner James Johnson, Besitzer einer Hazienda in Sonora und von seinen Handelsreisen her mit den Chiricahua vertraut, wird vom Gouverneur von Sonora, Escalante y Arvizu, bevollmächtigt, Jagd auf Apachen zu machen. Als Lohn wird ihm die Hälfte des erbeuteten Raubguts in Aussicht gestellt.

In Begleitung einiger Mexikaner und Amerikaner stößt Johnson in den Animas Mountains, im Südwesten des heutigen New Mexico, auf eine Gruppe Nedhni, Chokonen und Chihenne unter der Führung des Nedhni Juan José Compá. Man begegnet sich in Freundschaft und handelt zwei Tage miteinander. Als die Chiricahua am Morgen des dritten Tages erneut nichtsahnend in Johnsons Lager kommen, werden sie vom Feuer einer Drehkanone empfangen. Neben Juan José Compá kommen dabei mindestens fünfundzwanzig Indianer ums Leben, die meisten von ihnen Frauen und Kinder.

Vor allem über die Heimtücke und das kaltblütige Töten von Frauen und Kindern zeigen sich die Indianer bestürzt. Ob Mangas Coloradas bei diesem Anschlag anwesend war, lässt sich nicht eindeutig belegen - nach Darstellung der Apachen gelang ihm die Flucht, während

zwei seiner Frauen bei dem Hinterhalt umkamen. Ob er nun persönlich dabei war oder nicht, sicher bestärkte dieser Anschlag seine feindselige Haltung gegenüber Mexiko.
Dem Massaker folgen zahlreiche Rachefeldzüge der Apachen, die zum Teil auch von Mangas angeführt werden. Bei einer dieser Aktionen wird ein Wagenzug überfallen und ausgeraubt. Der Legende nach suchte Mangas sich aus dem Beutegut ein Hemd mit leuchtend roten Ärmeln aus und zog es an. Fortan wird er „Mangas Coloradas" gerufen (spanisch: „mangas" - „Ärmel", „colorado" - „rot"), also „Rote Ärmel". Bei US-Amerikanern wird er auch als „Red Sleeves" („Rote Ärmel") bekannt.

Familiäre und politische Bündnisse mit Mexiko

Trotz seines Hasses auf Mexiko entschließt sich Mangas, eine Mexikanerin zur Frau zu nehmen – und nimmt dafür einiges in Kauf. Bereits mit zwei Apachenfrauen verheiratet, kehrt er eines Tages mit einer Mexikanerin namens Carmen von einem Raubzug zurück.
Wenn die Apachen Gefangene unter Mexikanern, Amerikanern oder auch Indianern anderer Stämme machten, versuchten sie normalerweise, die Männer gegen gefangene Apachen auszutauschen, Kinder wurden adoptiert und Frauen zu Sklavendiensten herangezogen. So wäre die Gefangene nun üblicherweise Sklavin seiner Ehefrauen geworden. Auch ein sexuelles Verhältnis zwischen der Sklavin und ihrem Ehemann hätten die beiden Frauen vermutlich toleriert. Doch Mangas entschließt sich, sie zu heiraten.

Mangas' Frauen jedoch weigern sich, das „Beutegut" gleichberechtigt neben sich zu dulden. Ihre Brüder verlangen von dem Schwager, auf die Heirat zu verzichten, was dieser jedoch ablehnt. In einem fairen Zweikampf tötet er die Herausforderer und kann damit die Angelegenheit für sich entscheiden.

Drei Töchter gehen aus der Verbindung mit der Mexikanerin hervor. Wie ein europäischer Fürst des Mittelalters versteht es Mangas Coloradas später, ihre Hochzeiten als Teil seiner Bündnispolitik zu organisieren. Eine Tochter wird einen Navajo-Führer heiraten, die zweite einen Anführer der Mescalero, die dritte wird die Braut eines Kriegshäuptlings der White Mountain von den Westlichen Apachen. Allianzen dieser Art zwischen unterschiedlichen Stämmen waren unter nordamerikanischen Stämmen keineswegs üblich.

Mangas umfangreiche Familie lässt sich heute nur schwer in all ihren Verästelungen nachzeichnen, man nimmt aber an, dass er mindestens vier Frauen hatte. Neben der Mexikanerin Carmen waren es wohl drei Apachenfrauen, von denen zwei vermutlich bei dem Johnson-Massaker umgekommen sind. Schätzungen zufolge war Mangas Coloradas der Vater von mindestens 12 Kindern.

Die wichtigste Verbindung, die er in die Wege leiten sollte, war die zwischen seiner Tochter Dos-teh-seh und Cochise, dem bedeutendsten Anführer der Chokonen-Chiricahua. Sie heiraten Ende der 30er oder Anfang der 40er Jahre und Dos-teh-seh wird Cochises Hauptfrau. Damit wird dieser zu einem der wichtigsten Mitkämpfer und Verbündeten von Mangas Coloradas.

Trotz der Feindschaft mit Mexiko kommt es 1842 durch eine Initiative des Bundesstaates Chihuahua zu einem

Abb. 8: Früher glaubte man fälschlicherweise dies sei Mangas Coloradas. Die Abbildung zeigt jedoch seinen Sohn Mangas, der wie sein Vater eine imposante Erscheinung gewesen sein muss. In einigen Publikationen wird er „Mangus" genannt.

Frieden mit den meisten Chiricahua-Gruppen. Zur Friedensfraktion gehören u. a. der bedeutende Chokonen-Häuptling Pisago Cabezón sowie der Chihenne-Führer Ponce.

Mangas Coloradas jedoch ist mittlerweile zum unumstrittenen Anführer der kriegerischen Chiricahua aufgestiegen. Nachdem Pisago Cabezón und andere ihm von der fairen Behandlung durch Hauptmann Madrigal berichtet hatten, mag er für Verhandlungen etwas offener geworden sein. Vor allem aber dem diplomatischen Geschick, der Erfahrung und dem Mut einiger weniger Männer ist es zu verdanken, dass Mangas sich im folgenden Jahr überzeugen lässt, an den Verhandlungen teilzunehmen. Da ist zuerst Gouverneur Francisco García Conde zu nennen, welcher den Friedensprozess einleitete, und dann sein Nachfolger, José Mariano Monterde, der dieses Vorhaben konsequent fortsetzte. Monterde trifft am 31. März 1843 mit Mangas Coloradas zusammen und überrascht diesen mit einer respektvollen Haltung und Empathie. Eine Schlüsselrolle in dem Annäherungsprozess nimmt aber Leutnant Antonio Sanchez Vergara ein, welcher sich bereits bei den Verhandlungen im Jahr zuvor als äußerst hilfreich erwiesen hatte. Als einer der wenigen von den Indianern respektierten mexikanischen Offiziere sucht er nun die feindseligen Chiricahua-Gruppen persönlich auf, um sie zur Teilnahme an Friedensverhandlungen in Janos zu bewegen.

Schließlich stimmt auch Mangas Coloradas einem Friedensabkommen zu. Die Regierung verspricht, Lebensmittelrationen zu verteilen und Mangas sagt zu, die Armee aktiv im Kampf gegen plündernde Indianer zu

unterstützen. So zieht er nach einem Viehdiebstahl gemeinsam mit Pisago Cabezón an der Seite des mexikanischen Militärs gegen den eigenen Stamm, um das gestohlene Vieh zurückzuerhalten.
Doch wie fast alle Verträge zuvor, scheitert auch dieser an den vielen gewalttätigen Provokationen. Vor allem Geschehnisse in Sonora führen zum Ende der Friedensperiode. Nachdem zunächst versucht worden war, den Friedensprozess auf Sonora auszudehnen, hatte dort ein Massaker mexikanischer Soldaten auf Chokonen diesem Versuch ein Ende gemacht: Die Chokonen waren als Scouts gemeinsam mit den Soldaten auf der Suche nach gestohlenem Vieh, als sechs von ihnen ohne erkennbaren Grund von den Soldaten erschossen wurden. Damit war die kurze friedliche Atempause wieder beendet.

Neue Fronten: Der Mexikanisch-Amerikanische Krieg

Nach wie vor ist der heutige Südwesten der USA mexikanisches Gebiet und die Apachen und anderen Indianer der Region bekommen nur vereinzelt weiße Händler und Trapper zu Gesicht. Anfangs verlaufen diese Kontakte meist problemlos, doch das sollte sich bald ändern.
Seitdem Texas 1836 mit insgeheimer Unterstützung der USA von Mexiko unabhängig wurde, ist die Beziehung zwischen Mexiko und den Vereinigten Staaten angespannt. Die Lage eskaliert, als Texas 1845 für den Beitritt zu den USA votiert und die US-Regierung nun auch das angrenzende mexikanische Land bis zum Pazifik begehrt. In der Folge reichen ein paar Provokatio-

nen, um den Mexikanisch-Amerikanischen Krieg auszulösen.
Mitte August 1846 verkündet General Stephen Kearny öffentlich den Beitritt New Mexicos zu den Vereinigten Staaten. Als er im Oktober mit seiner Truppe auf dem Weg nach Kalifornien ist, begegnen sich die Streitkräfte der USA und die Apachen erstmals. Die beiden Gruppen führen Gespräche und handeln miteinander. Mangas ist beeindruckt vom Auftreten der amerikanischen Armee, ihrer Disziplin und der guten Bewaffnung. Die Soldaten staunen über Mangas imposante Erscheinung sowie über die Geschäftstüchtigkeit der Indianer.
Beim Abschied schlägt ein Anführer aus Mangas Gruppe dem General vor, man könne sich im Kampf gegen Mexiko verbünden. Nachdem die Amerikaner nun New Mexico eingenommen haben und sicher bald auch Kalifornien erobern würden, sollten sie doch mit Chihuahua, Durango und Sonora weitermachen.
Da sie immerhin gegen den gleichen Feind kämpften, mag ein Bündnis für die Apachen tatsächlich in Betracht gekommen sein. Mangas jedenfalls sichert den Amerikanern Treue zu, verspricht ihnen sogar ewige Freundschaft und garantiert ihnen einen sicheren Weg durch ihr Land.
Obwohl sie keine Kampfgefährten wurden, begrüßt Mangas Coloradas im September 1847 den Sieg der Angloamerikaner mit der Einnahme Mexiko Citys. Der größte Teil des Apachengebietes wird damit zu US-Territorium. Zunächst ist das Verhältnis der Apachen zu den neuen Machthabern recht gut, schließlich haben diese auch ihre verhassten mexikanischen Gegner besiegt.

Widerstand in den eigenen Reihen

Das mexikanische Sonora wird im ersten Halbjahr 1849 von Gruppen der Chihenne, Chokonen und Bedonkohe mit Gewalt und Verwüstung überzogen, wobei vor allem Mangas Coloradas und Delgadito mit ihren Leuten beteiligt sind. Kein Dorf, keine Stadt, kein befestigtes Fort ist vor ihnen sicher.
Aber es geht ein Riss durch den Stamm der Chiricahua, denn es gibt auch eine kleine Fraktion, die Frieden will. Krieger der Nedhni, einige Chihenne unter Ponce und Cigarrito sowie Chokonen unter Manuelito gehören ihr an. Sie machen Mangas Coloradas und Delgadito für den Gewaltexzess verantwortlich und nehmen in Janos Verhandlungen mit dem Militär auf. Dort erklärt der Apache Negrito de Carretas, die friedlichen Chiricahua müssten die beiden Hauptanführer töten, um einen stabilen Frieden zu erreichen. Und Manuelito bekennt, selbst bereits erfolglos versucht zu haben, Mangas umzubringen. Im Frühling 1850 wird bekannt, Manuelito sei erfroren. Möglicherweise aber haben Mangas Anhänger erfahren, dass er ihren Anführer töten wollte und sich an ihm gerächt. Aber das bleibt eine Vermutung.

Ein geplanter Hinterhalt

Ein Ereignis aus dem Juni 1849 verdeutlicht, wie verschieden Mangas Coloradas damals zu Amerikanern und Mexikanern stand. In dem mexikanischen Ort Janos werden zahlreiche Indianer erwartet, unter ihnen auch Mangas Coloradas, die angeblich wegen drei gefangener

Apachen verhandeln wollen. Die Mexikaner, unterstützt von einigen Männern aus Texas, die auch unter dem Namen „Duval-Gruppe“ bekannt sind, planen ein Komplott: Auf ein verabredetes Signal hin wollen sie das Feuer auf die Indianer eröffnen. Doch der Zeitplan gerät so durcheinander, dass das Vorhaben schließlich nicht ausgeführt wird.

Als die Texaner die Stadt verlassen, kommt es zu einem Feuergefecht mit den Apachen. Doch dann nähern sich Mangas Coloradas und einige Krieger mit einer weißen Fahne. Im Lager der Weißen gibt Mangas zu, dass auch er unter dem Vorwand, Verhandlungen führen zu wollen, einen Angriff in Janos geplant hatte und alle anwesenden Mexikaner hatte töten wollen.

Er beteuert jedoch, dass er die Amerikaner im Gegensatz zu den Mexikanern sehr schätze. Bis vor 5 Jahren habe er noch keinen einzigen gesehen. Doch dann habe er einen Weißen kennengelernt, der sein bester Freund geworden sei. Vermutlich sprach er von Jack Gordon, einem Mann der wegen eines begangenen Mordes seinen richtigen Namen, Peter Worthington, abgelegt hatte und zu den Apachen geflohen war. Er lebte mit ihnen, begleitete sie auf ihren Raubzügen und heiratete eine Apachin.

Der Goldrausch und seine Folgen

Die hoffnungsvolle Beziehung zu den neuen Machthabern sollte aber schon bald auf eine harte Probe gestellt werden. Kurz nach Ende des Krieges wird in Kalifornien Gold gefunden. Die Nachricht verbreitet sich wie ein Lauffeuer und ein ganzes Heer von Glückssuchern

macht sich auf den Weg in den verheißungsvollen Westen.
Dem bunten Haufen, der nun durch das Apachenland zieht, ist wenig an gutem Kontakt mit den Indianern gelegen. Meist bringen die Männer ohnehin schon ihre festen Ansichten über die „Wilden" mit. Da bleiben Auseinandersetzungen, Provokationen und Übergriffe nicht aus.
Im Lebensraum von Mangas Coloradas und seinen Chihenne-Apachen befindet sich schon seit mexikanischer Zeit eine Kupfermine. Dort, in Santa Rita del Cobre, wird im Mai 1851 das Hauptquartier der US-amerikanischen Grenzkommission errichtet. Da die anwesenden Soldaten ein sicheres Gefühl vermitteln, finden sich schnell mehrere Bergarbeiter bei der Mine ein. Als in unmittelbarer Nähe, bei Pinos Altos, im gleichen Jahr Gold gefunden wird, verschlechtern sich die Voraussetzungen für ein gutes Nebeneinander von Weißen und Indianern dramatisch. Immer mehr Abenteurer lassen sich jetzt auf dem Gebiet der Apachen nieder und suchen nach dem Edelmetall. In den Minen bei Pinos Altos wächst die Zahl der Weißen innerhalb der nächsten Jahre auf drei bis vierhundert. Für die meisten reicht das wenige gefundene Gold nicht zum Leben und es kommt immer wieder vor, dass die Arbeiter ihre prekäre Situation mit Beutezügen bei den Apachen aufbessern. Dies fordert Rachefeldzüge der Indianer heraus, welche sich ohnehin längst in ihrer Lebensgrundlage bedroht sehen. Viehdiebstähle und Überfälle auf Siedler nehmen zu, die Gewaltspirale dreht sich unaufhörlich weiter.

Der Friedensvertrag von Acoma

Da Mangas Coloradas Anfang der 50er Jahre in Mexiko immer stärker unter militärischen Druck gerät, ist ihm um so mehr an einem friedlichen Zusammenleben mit den Amerikanern gelegen. Dies zeigt seine Bereitschaft, an den Verhandlungen von Acoma teilzunehmen.

Für den Sommer 1852 sind in dem noch heute existierenden Acoma Pueblo in New Mexico Gespräche zwischen der Militärvertretung, der Indianerbehörde und verschiedenen Stämmen der Region geplant. Eine Teilnahme der Chiricahua ist nicht vorgesehen, da ohnehin nicht mit ihrer Zusage gerechnet wird. Umso überraschter sind Armee und Indianerbehörde, als sie erfahren, dass Chihenne- und Bedonkohe-Gruppen zu den Verhandlungen erscheinen wollen, um einen Friedensvertrag zu schließen.

Der schmale, stufenförmige Zugang macht das Pueblo von Acoma zu einer schwer einnehmbaren Festung – oder einer Falle. So spekuliert man bis zum Schluss darüber, ob Mangas Coloradas tatsächlich erscheinen würde. Doch dann kommt es zu der denkwürdigen Begegnung zwischen Mangas und dem als nüchtern und pflichtbewusst geltenden Oberst Sumner, dem ranghöchsten Militär und Gouverneur des New Mexico Territoriums.

Nachdem Mangas Coloradas Sumners Zelt betreten hat, verkündete er sogleich: „Du bist der Häuptling der Weißen. Ich bin der Häuptling des roten Mannes. Jetzt lass uns reden und verhandeln.“ John Greiner, der anwesende Leiter der Indianerbehörde New Mexicos, zeigt sich über diesen selbstbewussten Auftritt so beeindruckt,

dass er Mangas später als den geistigen Kopf seines Stammes bezeichnet.
Tatsächlich kommt es zur Unterzeichnung eines Friedensvertrages, in dem die Chihenne und Bedonkohe die Rechtsprechung der Vereinigten Staaten anerkennen und die Errichtung von Militärposten auf ihrem Territorium billigen. Außerdem sollen zwischen ihnen und den USA freundschaftliche Beziehungen aufgebaut werden. Als die Apachen allerdings angehalten werden, ihre Raubzüge in Mexiko einzustellen und mexikanische Gefangene frei zu lassen, hält Mangas Coloradas dagegen, sie müssten das Recht haben, sich selbst zu verteidigen. Jedwede Zugeständnisse an Mexiko lehnt er rigoros ab. Da es letztlich für ihn aber entscheidend ist, den Amerikanern kein Land abzutreten, stimmt er dem Vertrag zu. Doch den weißen Verhandlungspartnern ist damals schon bewusst, dass die Umsetzung der Mexiko-Klausel schwierig werden dürfte.
Von Einzelfällen abgesehen verhalten sich die Apachen unter Mangas Führung in den nächsten Jahren auf US-amerikanischem Gebiet tatsächlich weitgehend friedlich. Die feindseligen Beziehungen zu Mexiko bleiben allerdings davon unberührt. Regelmäßig überqueren Apachengruppen die Grenze, überfallen Farmen und stehlen Vieh. Anschließend ziehen sie sich entweder auf das sichere US-Territorium zurück oder fliehen in das unübersichtliche Gebiet der Sierra Madre, um sich dort zu verstecken.

Abb. 9: Oberst Sumner und Mangas Coloradas trafen im Sommer 1852 zu Friedensgesprächen im Acoma Pueblo zusammen. Sumner wurde später zum General befördert.

Die Apachen als Farmer: Der Indianeragent Dr. Steck

Mit der Berufung des Armee-Chirurgen Dr. Michael Steck zum Indianeragenten gewinnen die Apachen einen wichtigen, zuverlässigen Unterstützer. Ab Mai 1854 ist er als Agent für die Mescalero und Mimbres zuständig. Zu jener Zeit werden die Chihenne häufig auch Mimbres oder Mimbreños genannt, weil sie an dem gleichnamigen Fluss leben. Ein Jahr später übernimmt Steck noch die Betreuung der Chokonen.

Steck versucht, die von ihm betreuten Stämme an die Grundlagen landwirtschaftlicher Arbeit heranzuführen. Damit verfolgt er die Absicht, sie unabhängig von Hilfslieferungen zu machen und ihnen zumindest die wirtschaftliche Legitimation für ihre Raubzüge und Plünderungen zu nehmen. Er besorgt Werkzeug und Samen sowie genügend Personal, das sie im Anbau unterweisen soll. Mit Aufrichtigkeit und Diplomatie gelingt es ihm, das Vertrauen der Indianer zu gewinnen. Sie zeigen sich aufgeschlossen und die ersten bescheidenen Versuche mit Mais und Gemüse geben Anlass zur Hoffnung. Sowohl Chihenne als auch Mescalero machen gute Fortschritte und fast alle sind zur Mitarbeit bereit.

Die erste dokumentierte Begegnung von Mangas Coloradas und Steck datiert vom 27. Oktober 1854. Obwohl beide aus völlig gegensätzlichen Welten kommen, begegnen sie einander respektvoll. Auch Mangas beginnt, Mais zu pflanzen und erscheint jeden Monat zur Ausgabe der Rationen. Allmählich entwickelt sich zwischen beiden Männern eine freundschaftliche Beziehung.

Gleichzeitig mit seiner optimistischen Prognose für das

Landwirtschaftsprogramm, weist Steck gegenüber der Regierung darauf hin, dass die Unterstützung so lange aufrecht erhalten werden müsse, bis die Indianer sich selbst ernähren könnten. Vor allem die Chihenne bräuchten dringend mehr finanzielle Unterstützung, wenn der Erfolg nicht gefährdet werden sollte.
Statt diesem Rat zu folgen, intensiviert die Regierung ihre militärischen Maßnahmen gegen aufsässige, rebellierende Apachen, die vor allem aus den westlichen Gruppen kommen. Anlass waren zahlreiche Überfälle und der Mord an den Navajo-Agenten Dodge. Um nicht in diesen Konflikt hinein gezogen zu werden, verlässt Mangas Coloradas mit den meisten der Chihenne die Region Richtung Mexiko. Nachdem er mehr als zwei Jahre mit seinen Chihenne an dem Landwirtschaftsprogramm beteiligt war, kommt damit das ehrgeizige Projekt 1857 zunächst zum Erliegen, auch wenn die meisten Apachen später wieder auf ihre Felder zurückkehren.
Neben dem Agrarprojekt ist es Steck ein Anliegen, den von ihm betreuten Stämmen eine Reservation zu verschaffen. Für ihn steht dabei nicht im Vordergrund, die „gefährlichen Rothäute“ wegzuschließen, sondern die Absicht, den Indianern ein sicheres Territorium zur Verfügung zu stellen, das dem Vordringen der Weißen Grenzen setzen sollte. Immer wieder spricht er sich dafür aus, den Chihenne ihre vertraute Gegend um Santa Lucia Springs als feste Reservation zuzusprechen - doch ohne Erfolg.
Nachdem Steck seinen Posten 1861 aufgibt, macht US-Präsident Lincoln ihn 1863 zum Leiter des Büros für Indianer-Angelegenheiten von New Mexico. Doch hier scheitert er letztlich am Konflikt mit General Carleton,

der völlig andere Vorstellungen von der Lösung der Indianerfrage hat. So kann dieser schließlich durchsetzen, dass zunächst die Mescalero (1862) und anschließend die Navajo (bis 1864) nach Fort Sumner bei Bosque Redondo, New Mexico, deportiert werden, das damals schon viele für eine so große Anzahl von Menschen für ungeeignet halten. Nach zahlreichen Klagen und Protesten wird das Gelände bereits 1868 wieder aufgegeben und beide Volksgruppen können in ihre Heimat zurückkehren.

Die Apachenkriege beginnen

Bis 1860 bleibt es abgesehen von einzelnen Übergriffen und Scharmützeln zwischen Apachen und Angloamerikanern relativ friedlich, doch dann beginnt eine lange Periode kriegerischer Auseinandersetzungen auf US-amerikanischem Gebiet, die sogenannten Apachen-Kriege.
Die eigentliche Ursache dafür liegt im unkontrollierten und rücksichtslosen Vordringen der Weißen auf das Territorium der Apachen. Dadurch sehen die Indianer ihre Lebensgrundlage immer mehr schwinden, und die Spannungen zwischen beiden Gruppen steigen. Mehrere einzelne Anlässe führen dazu, dass die Situation weiter eskaliert und die Gewaltspirale sich weiter dreht.
Schon im Dezember 1860 kommt es zu gewaltsamen Zusammenstößen zwischen Bergarbeitern von Pinos Altos und den Chihenne. Nach einem Viehdiebstahl der Apachen überfallen etwa dreißig gut bewaffnete Bergarbeiter ein Chihenne-Lager am Mimbres-Fluss. Die Indianer, im Besitz nur weniger Gewehre, verteidigen sich

mit Pfeil und Bogen. Während nur wenige weiße Männer verwundet werden, haben die Indianer vier Tote zu beklagen, darunter ihren Anführer Elias, dreizehn ihrer Frauen und Kinder werden entführt. Der Überfall löst einen Rachezug der Indianer aus, der wiederum ein Eingreifen des Militärs nach sich zieht.

Mitunter wird die Eskalation der Gewalt zwischen Apachen und US-Amerikanern auch mit einem angeblichen Auspeitschen von Mangas Coloradas in Verbindung gebracht. Nach dem Bericht des Zeitgenossen John Cremony habe Mangas sich den Zorn einiger Minenarbeiter in Santa Rita zugezogen, indem er versucht habe, sich ihrer mit einem Trick zu entledigen. So habe er einem Mann im vertraulichen Gespräch angeboten, ihm andere Orte zu zeigen, wo sich mehr Gold unter besseren Bedingungen finden lasse. Schließlich habe sich herumgesprochen, dass Mangas dieses Angebot nicht einem einzelnen exklusiv machte, sondern mehreren von ihnen. Sie verdächtigten ihn, dass er sie weglocken wolle, um sie dann zu töten. Die Bergarbeiter hätten sich daraufhin entschlossen, ihm eine Lektion zu erteilen. Sie hätten ihn überwältigt, an einen Baum gefesselt und ausgepeitscht. Als Reaktion auf diese extreme Demütigung habe Mangas Coloradas dann das Kriegsbeil gegen die Weißen ausgegraben.

Mangas selbst allerdings rechtfertigt die erneuten Kriegshandlungen nicht mit einem derartigen Vorfall, der auch sonst niemals von ihm erwähnt wird. Auch in der Lebensbeschreibung von Geronimo, selbst Bedonkohe-Chiricahua und Kampfgefährte Mangas', findet sich kein Wort darüber. Dieser unversöhnliche Gegner der Weißen hätte wohl kaum gezögert, eine derartige Tat anzuprangern. Andererseits ist es denkbar, dass Mangas das demütigende Geschehen verschwieg, weil es ihn beschämte und seine Ehre zu sehr verletzte.

Viele Historiker sehen die wesentliche Kriegsursache allerdings in der Bascom-Affäre, die sich Anfang 1861 ereignet (ausführliche Darstellung in Kapitel 3). Der Chokonen-Führer Cochise steht im Zentrum dieses Vorfalls und Mangas Coloradas als sein Schwiegervater und vertrauter Kampfgefährte solidarisiert sich mit ihm und gemeinsam führen sie manche Kriegszüge.

Im gleichen Jahr beginnt der amerikanische Bürgerkrieg. Die Union der Nordstaaten zieht aus vielen Forts des heutigen Arizona und New Mexico ihre Soldaten ab, um sie im Osten zu konzentrieren. Dadurch entsteht ein militärisches Vakuum in der Region und die Siedlungen der Weißen bleiben immer stärker sich selbst überlassen und ungeschützt. Die Indianer durchschauen die Hintergründe dieses Rückzugs zunächst nicht, und es sieht für sie so aus, als hätten sie die Armee dauerhaft zurückgedrängt. So fühlen sich die Apachen wieder als die unumschränkten Herren der Apacheria und setzen ihre Raubzüge weitgehend ungehindert fort.

Dabei leisten Cochise und Mangas Coloradas sich mehrmals gegenseitige Waffenhilfe. So auch im Oktober 1861, als sie die Bergleute von Pinos Altos angreifen. Die können die Indianer nur noch mit Hilfe der „Arizona Guards“ abwehren, einer Einheit der Armee der Konföderierten, die das Gebiet für sich beanspruchte.

Populär ist die gemeinsame Kriegsführung der beiden in der berühmten Schlacht am Apache Pass vom Juli 1862 (ausführlicher in Kapitel 3), bei der Cochise von Mangas Coloradas unterstützt wird. Als dieser schwer verwundet wird, ziehen sich seine Krieger vom Kriegsschauplatz zurück. Sie bringen den Chihenne-Häuptling in den fast hundert km entfernt liegenden mexikanischen Ort Janos. Unter der Drohung, andernfalls die Siedlung niederzubrennen, wird er dort ärztlich versorgt und kann sich in der Folgezeit wieder erholen.

Gefangenschaft und Tod

Im Januar 1863 hält sich Mangas Coloradas mit seinen Gefährten in der Nähe von Pinos Altos auf. Vielleicht ist es die Müdigkeit des Alters, immerhin ist er nun bereits um die 70 Jahre alt, oder die Verletzung am Apache Pass hat doch ihre Spuren hinterlassen: Mangas Coloradas wünscht, mit den US-Amerikanern Frieden zu schließen. Er möchte in seine Heimatregion nach Santa Lucia Springs in den Burro Mountains zurückkehren. (Heute werden die Quellen übrigens in Erinnerung an den Chihenne-Häuptling „Mangas Springs" genannt.) Er will dort mit seinem Volk in Frieden leben und Ackerbau treiben. Bei seinen Kriegern findet diese Absicht nicht nur Zustimmung.
Zur gleichen Zeit erhält Brigadegeneral West den Auftrag, Mangas Coloradas zu finden und unschädlich zu machen. Auf dem Weg in das verlassene Fort McLane erfährt er, dass Mangas sich in der Nähe befindet. Er schickt eine Vorhut unter Hauptmann Shirland, um ihn zu verfolgen. Er selbst will sich mit seinen Soldaten im Fort verborgen halten.
Unterwegs trifft Shirland mit seinen Männern auf eine Gruppe Minenarbeiter, die unter der Führung eines ge-

wissen Joseph R. Walker ebenfalls in dem Gebiet unterwegs ist. Die Bergleute unterbreiten Shirland ihren Plan, einen Anführer der Apachen zu entführen, der als Geisel ihre Sicherheit garantieren soll. Schließlich vereinigt sich Shirland mit den Minenarbeitern, um Mangas Coloradas in ihre Gewalt zu bekommen.
Ihnen ist bekannt, dass er sich in der Nähe aufhalten soll und so warten sie am 16. Januar mit einer weißen Fahne auf ihn, um ihn in die Falle zu locken. Doch sie warten vergebens. Am nächsten Tag aber erblicken sie aus einiger Entfernung Apachen. Auch Mangas und etwa ein Dutzend seiner Krieger haben die Weißen entdeckt und beobachten sie.
Der Minenarbeiter Jack Swilling geht den Indianern mit einigen Männern entgegen. Das letzte Stück legt er allein zurück, bis er mit Mangas zusammentrifft. Nachdem sie kurz miteinander gesprochen haben, schaut sich Swilling zu seinen Leuten um, die auf ein Zeichen ihre Waffen zeigen.
Mangas begreift den Ernst der Situation und lässt sich überzeugen, mit in Swillings Lager zu kommen. Dort wird der Häuptling überredet, seine Krieger zurückzuschicken, da sie im Lager nicht erwünscht seien. Anschließend macht sich die Gruppe auf den Weg nach Fort McLane.
Die Apachen, unter ihnen angesehene Krieger wie Nana und Victorio, folgen den Weißen in einiger Entfernung und lassen sie nicht aus den Augen. Einer von Mangas Söhnen, vermutlich Sethmooda oder Salvador, löst sich schließlich aus ihrem Verband, holt die Gruppe ein, und bittet darum, seinen Vater zu sprechen. Ein Augenzeuge erinnerte sich, wie Mangas seinen Sohn auffordert, um-

zukehren. Schließlich verabschiedet der sich mit Tränen in den Augen von seinem Vater.
Am nächsten Tag erreicht die Gruppe Fort McLane, wo mittlerweile das Hauptkontingent von General West eingetroffen ist. Swilling übergibt den Häuptling sogleich dem General. Mangas muss seine ausweglose Lage erkennen und den Irrtum, die Amerikaner könnten auf seinen Friedenswunsch eingehen. West hält ihm die Gewalttaten der vergangenen Monate vor, doch Mangas streitet alle Anschuldigungen ab und weigert sich trotzig, weiter zu sprechen.
Die folgenden Ereignisse sind durch mehrere Zeugnisse von Bergarbeitern und Soldaten dokumentiert. Vor allem aus den schriftlich festgehaltenen Beobachtungen des Minenarbeiters D. E. Conner lässt sich das Geschehen rekonstruieren. Er notiert ein belauschtes Gespräch, demzufolge General West den Wachen der Armee unmissverständlich zu verstehen gibt, dass er den Gefangenen am nächsten Tag lebendig oder tot, am besten aber tot wiedersehen wolle. Conner, der die Wachsoldaten unbemerkt im Auge behält, beobachtet weiter, wie sie den Gefangenen provozieren und drangsalieren. Schließlich erhitzen sie die Spitzen ihrer Bajonette am Lagerfeuer und stoßen sie in Mangas Beine. Dieser springt auf und ruft den beiden Soldaten erregt auf spanisch zu, dass er kein Kind sei, mit dem man spielen könne. Darauf richten beide Soldaten fast zeitgleich ihre Waffen auf ihn und feuern ab. Mangas sei sofort tot gewesen.

Abb. 10: General West leitete 1863 das Kommando, das Mangas Coloradas finden und unschädlich machen sollte. Seine Instruktionen führten zur Tötung des Chiricahua-Häuptlings.

Am nächsten Morgen wird die Nachricht verbreitet, Mangas Coloradas sei auf der Flucht erschossen worden, was zunächst auch offiziell nicht in Frage gestellt wird. Nachdem der Ermordete schnell beerdigt worden war, graben einige Soldaten ihn am nächsten Tag wieder aus, trennen den Kopf vom Körper, kochen ihn aus und schicken den Schädel zur Aufbewahrung an das Smithsonian Institut in Washington, D.C.
In den Wochen und Monaten nach dem Mord tauchen erste Zweifel an dem Bericht von General West auf. Es findet sogar eine amtliche Untersuchung der Ereignisse statt, welche allerdings weder zu einer Verurteilung Wests noch zu seiner Degradierung führt.
Die Nachricht vom Tod ihres Anführers und der Verstümmelung seines Körpers empört die Apachen zutiefst und sie sinnen auf Rache. Nach ihrer Tradition ist das Schänden einer Leiche ein grobes Vergehen, weil sie glauben, die Toten wären in der jenseitigen Welt auf einen unversehrten Körper angewiesen.
Der Konflikt zwischen US-Amerikanern und Apachen geht nun in eine neue Runde. Normalerweise wurde der Tod eines Apachenanführers von seiner lokalen Gruppe gerächt. Aber durch Mangas große Bedeutung auf Stammesebene findet im Sommer 1863 eine großangelegte Racheaktion statt, an der neben verschiedenen Führern auch Cochise und Victorio beteiligt sind. Entlang des Rio Grande werden mehrere Gruppen von Weißen angegriffen. Besonders grausam muss ein Offizier namens L. A. Bargie für den Mord an Mangas büßen: Er erleidet das gleiche Schicksal wie Mangas Coloradas. Man findet ihn mit abgeschnittenem Kopf, geöffneter Brust und herausgeschnittenem Herzen.

Das gnadenlose, kompromisslose Vorgehen von Carleton und West gegen die Apachen taufte man später „Schwarze Flaggen Politik“. Sie führte nur dazu, das Misstrauen und die Feindseligkeiten zwischen beiden Volksgruppen zu verschärfen.

Mangas Coloradas lebte unter spanischer Herrschaft, kämpfte gegen den mexikanischen Staat und versuchte lange Zeit, sich mit den USA zu arrangieren. Zahllose Überfälle gingen auf sein Konto und sicher hat er auch den Tod nicht weniger Weißer zu verantworten.
Von seiner Seite kamen aber auch immer wieder Zeichen des guten Willens, der Annäherung und Verständigung. Zum Verhängnis sollte ihm schließlich die von General Carleton ausgegebene unnachgiebige Strategie gegen die Apachen werden, die in General West einen willigen Erfüllungsgehilfen fand. Ganz sicher führte diese harte Gangart nicht zu einer Verkürzung des Krieges im Südwesten, sondern im Gegenteil zu seiner Verlängerung.
Mangas Coloradas Erfolge als Stammesführer waren auch Resultat seines diplomatischen Gespürs und seiner bewussten Menschenführung. So bewies er große Begabung darin, Männer zu Kriegsführern zu wählen, die zu den fähigsten Apachen gehörten wie Delgadito, Ponce oder Cuchillo Negro. Drei Krieger aber, für die er Mentor und Inspiration war, entwickelten sich zu besonders bekannten Anführern. Die Rede ist von Cochise, Victorio und Geronimo.

3. Kapitel
Cochise: Rache und Freundschaft

Erscheinung, Charakter und Einfluss

Wie Mangas Coloradas war auch Cochise für einen Apachen auffallend groß, etwa 1,80 m, und eine beeindruckende Erscheinung. Hauptmann Bourke vertraut seinem Tagebuch im Februar 1873 an: „Cochise ist ein gut aussehender Indianer von etwa 50 Jahren, ... eine Römernase, schwarze Augen, ein entschiedener Mund, ein freundlicher und sogar etwas melancholischer Ausdruck mildert seinen entschlossenen Gesichtsausdruck. Weder in seiner Sprache noch in seinen Handlungen gab es das große Geschrei, das für sein Volk typisch ist." Und Leutnant Sladen, der ihn 1872 bei Friedensgesprächen kennenlernt, bemerkt, dass er sich gerade wie ein Pfeil halte und so perfekt gebaut sei, wie es ein Mann nur sein kann. Dem Händler Al Williamson von Fort Bowie fällt zudem sein ernsthaftes Auftreten auf, und dass er niemals lächele.

Für Cochises Aufrichtigkeit und Gerechtigkeitssinn sprechen zahlreiche Zeugnisse. So sein Verhalten bei einem 1860 stattfindendem Zweikampf zwischen dem Amerikaner John Wilson und einem seiner Krieger. Anscheinend handelte es sich dabei um einen ehemals von den Apachen entführten mexikanischen Jungen, der bei ihnen aufgewachsen war. Der Indianer wurde von dem Weißen getötet, was sofort für Unruhe und Spannungen sorgte. Cochise bezog jedoch eindeutig Stellung mit den Worten: „Es war ein fairer Kampf und niemanden trifft eine Schuld."

Überliefert sind auch seine Worte aus dem Jahr 1870 an den Sonderagenten William Arny: „Ich möchte, dass die Wahrheit gesagt wird. Ein Mann hat nur einen Mund und wenn er nicht die Wahrheit sagen will, sollte er aus dem Weg geschafft werden." Gegenüber einem Armee-Offizier bekennt er: „Ich möchte gerade heraus sprechen. … Ich habe keine gespaltene Zunge."
Aber auch Schattenseiten werden überliefert. Wird Cochises Verhalten im Allgemeinen als freundlich und rücksichtsvoll beschrieben, so konnte seine Stimmung doch offensichtlich auch schnell umschlagen. Wie die meisten Apachen war Cochise dem Alkohol nicht abgeneigt und konnte unter seinem Einfluss auch gewalttätig werden. In seinem Zorn konnte er ein erbitterter und grausamer Gegner sein.
Fred Hughes, ein Beschäftigter auf der Chiricahua-Reservation, zeigt sich beeindruckt von Cochises immenser Autorität: „Es war erstaunlich zu sehen, welche Macht er über diesen brutalen Stamm hatte. Während sie ihn verehrten und anhimmelten, hatten sie vor niemand anderem größere Angst, sein Blick genügte, um die Aufsässigeren seines Stammes klein zu kriegen." Gleichzeitig muss er zugeben, dass Cochise „sein Wort hielt, bis zum Tage seines Todes." Tatsächlich genießt Cochise innerhalb seines Stammes, den Chokonen, unbedingten Respekt und Gehorsam, sein Wort gilt als Gesetz. Auch auf die anderen Chiricahua-Gruppen ist sein Einfluss groß.

Herkunft und frühe Jahre

In welchem Jahr Cochise geboren wird, ist umstritten, vermutlich zwischen 1810 und 1823. Nach Aussagen von Apachen war er bei seinem Tod, also 1874, etwa 70 Jahre alt. Dies würde eine Geburt bereits kurz nach 1800 bedeuten. Der Historiker Edwin Sweeney geht jedoch nach Auswertung aller Quellen davon aus, dass ein Zeitpunkt um 1810 am wahrscheinlichsten ist.
Jedenfalls wird Cochise wie auch Mangas während einer der wenigen friedlichen Phasen geboren. Seine Eltern sind Chokonen, deren erster Anführer vermutlich sein Vater war. Möglicherweise war es Pisago Cabezón, einer der bekanntesten Chiricahua in den ersten 40 Jahren des 19. Jh. Über dessen Tod berichtet James Henry Tevis, Leiter der Poststation am Apache Pass in den späten 50er Jahren und mit Cochise bekannt. Er sei mit einigen Kriegern von Mexikanern zu einem Fest eingeladen und betrunken gemacht worden. Schließlich töteten sie ihn.
Cochise tritt Anfang der 30er Jahre in das Licht der Geschichte. Vermutlich nimmt er bereits 1832 an einem Raubzug in Mexiko teil, gesichert gilt jedoch seine Beteiligung an einem Überfall auf Janos im Jahr darauf. Dem folgten mehrere Angriffe auf andere mexikanische Städte, die einen dreijährigen Krieg zwischen Apachen und Mexiko nach sich zogen.

Verhandlungen mit Dr. Steck

1856/57 wird Cochise zum Häuptling seiner Gruppe gewählt und nur ein Jahr später ist er bereits Anführer aller Chokonen. Im Sommer 1858 kommt es zu eine Reihe von Überfällen der Chiricahua und Tonto-Apachen im Gebiet des Gadsden Purchase, das die USA nach dem Krieg von Mexiko erworben hatte. Der mit der Untersuchung beauftragte Sonderagent George Bailey findet heraus, dass die Überfälle von der Gegend nördlich des Gila River ausgingen. Er schlägt daher vor, dort mehr Forts zu errichten, um die Situation unter Kontrolle zu bringen.

Das Indianerbüro fürchtet hingegen, eine Aufstockung des Militärs in der Apacheria führe zu einer Eskalation und setzt stattdessen auf Verhandlungen. Es schickt den Agenten Dr. Steck zu einer Beratung mit den Chiricahua. Für diesen ist es sein erster Aufenthalt in Arizona. Am Apache Pass findet Steck neben Cochise und zwei weiteren Führern etwa 50 Krieger, 120 Frauen und fast 400 Kinder der Chokonen vor. Um sie zu kooperativen Verhalten zu veranlassen, gibt er Verpflegung und Geschenke aus. So verteilt er unter anderen mehrere Stück Vieh, 20 Scheffel Mais (entspricht über 500 kg), über 200 Decken und 200 Messingkessel.

Für Cochise ist das Treffen im Dezember 1858 die erste offizielle Begegnung mit US-Amerikanern. Seit längerem hatte er mit Sorge beobachtet, wie immer mehr Weiße in das Gebiet der Apachen drängten und die Bergbauaktivitäten zunahmen. Da aber die Beziehungen zu Mexiko an einem Tiefpunkt angekommen waren, liegt ihm daran, zumindest mit den Amerikanern ein friedliches Auskom-

men zu haben. So kann Steck den Indianern schließlich das Versprechen abringen, im südlichen Arizona und New Mexico den Handelsverkehr nicht mehr zu stören – die Überfälle in Mexiko bleiben davon unberührt.
Als es im August 1859 zu einem Apachenüberfall auf die Bergarbeitersiedlung Patagonia südöstlich von Tucson kommt, bei dem ein Minenarbeiter getötet und mehrere verletzt werden, hält sich die Armee mit Strafaktionen zurück. Es wird befürchtet, die Chokonen könnten sich andernfalls nicht mehr an ihr Abkommen mit Steck gebunden fühlen und sich mit Angriffen auf Aussiedlerwagen und Postkutschen der Butterfield Overland Mail rächen. Anscheinend waren einige Krieger aus Cochises Gruppe in diesen Vorfall verwickelt, denn er besteht darauf, mehrere Stück des erbeuteten Viehs in Fort Buchanan zurück zu geben.
Bis Anfang 1861 bleibt es zwischen Cochises Apachen und den Amerikanern relativ ruhig. Cochise verspricht sogar, eine Station der Butterfield Postkutschenlinie in der Nähe des Apache Pass im Winter mit Feuerholz zu versorgen. Doch dann treten Ereignisse ein, die, sei es durch Missverständnisse, sei es durch Fehlentscheidungen, eskalieren und zu einem grausamen, erbitterten über zehn Jahre andauernden Kampf führen.

Die Bascom-Affäre

Es beginnt damit, dass eine Gruppe Apachen am 27. Januar 1861 die Ranch des Farmers John Ward überfallen, 20 Rinder stehlen und seinen Stiefsohn, Felix Ward, entführen. Einige Tage später wird Fort Buchanan mit der

Angelegenheit betraut. Der ehrgeizige, junge Leutnant Bascom erhält den Auftrag, den Fall aufzuklären und nach dem entführten Jungen zu suchen. Er wird dafür mit allen erdenklichen Freiheiten ausgestattet.
Der überfallene John Ward ist von Anfang an überzeugt, Cochise und die Chokonen hätten den Überfall zu verantworten. Dem schließt sich die öffentliche Meinung an und da die Spuren tatsächlich in Cochises Gebiet führen, ist schließlich auch Bascom davon überzeugt.
Bascom, der keinerlei Erfahrung im Umgang mit Indianern besitzt, wird von John Ward in Richtung Apache Pass begleitet. Dort, unweit der Poststation der Butterfield Overland Mail, lässt er Anfang Februar sein Zeltlager errichten und in einer Nachricht, bittet er Cochise zu kommen.
Am Abend des folgenden Tages erscheint Cochise in Begleitung seines Bruders Coyuntura, seiner Frau und zwei seiner Kinder sowie zwei bis drei Kriegern, bei denen es sich vermutlich um seine Neffen handelt. Bascom befragt den Häuptling in seinem Zelt, doch Cochise versichert, die Chokonen hätten nichts mit dem Überfall zu tun, der entführte Junge würde sich in den Black Mountains bei Coyoteros aufhalten, einer Gruppe der Westlichen Apachen. Ja, er schlägt vor, in den nächsten zehn Tagen alles in seiner Macht stehende zu tun, um ihn frei zu bekommen.
Entgegen Bascoms späterer Behauptung, er sei auf Cochises Angebot eingegangen, stimmen alle anderen Zeugen überein, dass Cochise daraufhin trotz seiner Unschuldsbeteuerungen zum Gefangenen erklärt wird. Fast alle Berichte erwähnen, wie er das Zelt mit einem Messer zerschnitten habe und auf diese Weise geflohen

sei. Auch Cochise selbst beharrt später gegenüber Weißen darauf, dass seine Flucht aus dem Zelt den Tatsachen entspräche.
Bascom ließ auf den Fliehenden schießen, doch dem gelang es, trotz Verwundung, zu entkommen. Cochises Bruder Coyuntura wird bei dem Fluchtversuch überwältigt. Die übrigen Apachen werden gefangen genommen, einer der Krieger getötet. Eine Stunde später nähert sich Cochise noch einmal dem Lager und bittet darum, seinen Bruder zu sehen. Doch Bascom beantwortet seine Bitte mit einem Schuss. Cochise schwört sich zu rächen und beteuert erneut, er und sein Stamm würden für Vergehen beschuldigt, die sie nicht begangen hätten.
Am folgenden Tag kehren die Chokonen mit einer weißen Fahne zurück. Auch Mangas Coloradas soll sich unter ihnen befunden haben. Sie schicken einen Boten zu Bascom und man vereinbart, dass sich jeweils vier Männer beider Parteien zwischen den beiden Lagerplätzen treffen sollten.
Bascom kommt mit John Ward und zwei Unteroffizieren, die Apachen erscheinen mit Cochise, Francisco, einem Anführer der Westlichen Apachen, sowie zwei weiteren Kriegern. Wieder fordert Cochise die Freilassung der Gefangenen, was Bascom ablehnt, solange der entführte Junge nicht frei ist.
Dann ereignet sich ein folgenschwerer Zwischenfall. Bascoms Truppe lagerte bei der Poststation, deren Mitarbeiter im Allgemeinen ein gutes Verhältnis zu Cochise und den Chokonen hatten. Möglicherweise in der Absicht beschwichtigend einzugreifen, gehen die Postarbeiter Wallace, Culver und Walsh, trotz Bascoms Warnungen, plötzlich auf die in einer Schlucht warten-

den Indianer zu. Dort werden sie von ihnen überwältigt und gefangen genommen. Während Cochise und Francisco in Deckung gehen, eröffnen die Apachen das Feuer auf Bascoms unbewaffnete Gruppe. Unterdessen versuchen Walsh und Culver zu fliehen. Culver wird verwundet, kann aber entkommen. Walsh wird erschossen, vermutlich sogar von Soldaten, die ihn irrtümlicherweise für einen Indianer hielten. Wallace, der als Fahrer für die Butterfield Overland Mail arbeitete, bleibt Gefangener der Apachen.

Am nächsten Tag geht Cochise mit seinem Gefangenen Wallace erneut zu Bascom. Er bietet den Postmitarbeiter zum Tausch für die gefangenen Apachen an. Bascom aber beharrt weiter auf der Freilassung des Jungen.

Am Abend des gleichen Tages befährt ein Frachtzug mit fünf Wagen den Apache Pass, um nach Las Cruces zu gelangen. Cochise überfällt mit einer größeren Anzahl von Kriegern die Wagen und nimmt mehrere Mexikaner sowie drei Angloamerikaner gefangen. Die Mexikaner werden gefoltert und anschließend getötet. Mit den gefangenen Amerikanern hofft Cochise, seine Verhandlungsbasis für den Austausch seiner Familie zu verbessern. Er lässt Wallace eine Notiz schreiben, in der er nochmals einen Gefangenenaustausch vorschlägt. Die Mitteilung wird an einem Gebüsch angebracht, doch entweder erhält Bascom die Nachricht zu spät oder er traut den Worten nicht, zumindest erfolgt von seiner Seite keine Reaktion.

Cochise jedenfalls mag davon ausgegangen sein, seine vier Geiseln würden für einen Gefangenenaustausch nicht ausreichen, denn er überfällt am nächsten Tag eine Postkutsche. In einer dramatischen Fahrt gelingt es dem Leiter der Transportgesellschaft jedoch, den verwunde-

ten Kutscher zu bergen, alle weiteren Angriffe zu überstehen, und ohne Verluste die fast drei Meilen entfernte Poststation zu erreichen.
Am 7. Februar entschließt sich Bascom, Verstärkung und medizinische Hilfe für den verwundeten Culver anzufordern. Im Schutz der einbrechenden Dunkelheit verlässt eine kleine Gruppe von Soldaten die Station, um Unterstützung zu holen. Cochise jedoch glaubt mittlerweile nicht mehr an einen Austausch der Gefangenen und stellt sich mit seinen Kriegern auf einen Kampf ein.
Am nächsten Tag greifen die Indianer in Kriegsbemalung an. Sie töten einen Postmitarbeiter, verwunden einen Unteroffizier und töten zahlreiche Maultiere. Die gefangenen Apachen jedoch können sie nicht befreien. Auch haben sie mehrere Opfer zu beklagen. Sie ziehen sich zurück, die Gruppen von Mangas Coloradas und Francisco in Richtung des Gila River und Cochise mit seinen Männern nach Sonora. Vorher aber foltern sie ihre amerikanischen Gefangenen zu Tode und lassen ihre verstümmelten Leichen zurück.
Inzwischen hat sich der Assistenzarzt Irwin von Fort Buchanan mit vierzehn Soldaten zur Verstärkung für Bascom auf den Weg gemacht. Hinter Dragoon Springs trifft die Gruppe auf einige Coyoteros mit einer gestohlenen Rinderherde und verfolgt sie. Es gelingt ihnen, ihren Anführer und zwei der Krieger gefangen zu nehmen. Nachdem sie Bascom erreicht haben, zerstören sie gemeinsam das verlassene Lager von Cochise und nehmen die Verfolgung auf. Als sie auf ihrem Weg die von Lanzenstichen durchbohrten Leichen des Postarbeiters Wallace sowie der übrigen drei amerikanischen Geiseln entdecken, sprechen sich die meisten der anwesenden

Soldaten dafür aus, alle gefangenen Indianer zu töten. Nach anfänglichem Zögern willigt Bascom ein. Am 19. Februar werden die drei Coyoteros sowie drei Apachen aus der Gruppe von Cochise auf einem Hügel neben den begrabenen Amerikanern an Eichen aufgehängt. Cochises Frau und die Kinder werden frei gelassen.

Damit endet die berüchtigte „Bascom Affäre". Obwohl der gesamte Verlauf des Einsatzes nicht den Vorstellungen der Armeeleitung entsprochen hatte und vor allem auch der entführte Junge nicht wiedergefunden werden konnte, wird Bascom von seinen Vorgesetzten für seine Arbeit gelobt. Wie sich später herausstellt, hatte der Junge sich tatsächlich bei den Westlichen Apache befunden, die nicht zu Cochises Machtbereich gehörten. Felix Ward blieb sein Leben lang bei den Apachen. Unter dem Namen Mickey Free arbeitete er später als Scout für die Armee.

Als Cochise von der Hinrichtung der gefangenen Apachen erfährt, ist sein Zorn grenzenlos, schließlich befindet sich sein jüngerer Bruder Coyuntura unter den Opfern. Er schwört, alle Weißen in Arizona zu vernichten oder zu verjagen. Und tatsächlich bricht eine Zeit grausamer Überfälle und unerbittlichen Wütens an. Einsam liegende Farmen und Ranches werden überfallen, die Häuser ausgeraubt, die Ernte vernichtet, Pferde und Vieh gestohlen. Wagenzüge werden angegriffen, die Männer getötet, Frauen und Kinder entführt. Häufig werden die Leichen der Weißen verstümmelt und von Lanzen durchbohrt. Im Sommer 1861 herrscht in Cochises Einflussgebiet der reine Terror. Bald sind kleine Siedlungen und Minen überwiegend verwüstet und verlassen, selbst die Armee zeigt sich eingeschüchtert.

Offizier Bernard, der bei der Exekution der gefangenen

Apachen dabei gewesen war und sich dagegen ausgesprochen hatte, erwähnt später, dass er dreizehn Weiße persönlich gekannt habe, die von Cochise verbrannt wurden, fünf weitere seien zu Tode gequält worden, indem schmale Hautstücke aus ihren Füßen geschnitten wurden, und noch einmal fünfzehn seien zu Tode geschleift worden. Doch gibt Bernard auch zu, dass Cochise sich friedlich und kooperativ verhalten hatte, bis zu dem Zeitpunkt, als er von den Weißen verraten wurde.
Als erneut versucht wird, mit dem Chokonen-Führer in Friedensverhandlungen zu treten, sagt der: „Ich war in Frieden mit den Weißen, bis sie versuchten mich zu töten, für etwas, was andere Indianer getan hatten; jetzt lebe und sterbe ich im Krieg mit ihnen".

Die Schlacht am Apache Pass

Bereits im vorigen Kapitel wurde die Schlacht am Apache Pass vom Juli 1862, wo Cochise und Mangas Coloradas Seite an Seite kämpften, kurz erwähnt. Erstmals kamen hier Kanonen gegen die Apachen zum Einsatz.
Es ist das zweite Jahr des amerikanischen Bürgerkriegs. Die Armee hat viele Militärposten im Südwesten aufgegeben, um Kapazitäten für den Kriegsschauplatz im Osten zu gewinnen. Daraufhin werden einige Forts von den Truppen der Konföderierten besetzt. Um Arizona und New Mexico wieder für die Union zu erobern, zieht im Mai 1862 Brigadegeneral James H. Carleton mit seinen Californian Volunteers in das Gebiet. Als er Tucson erreicht, haben sich die Soldaten der Südstaaten von dort jedoch bereits zurückgezogen.

Am 10. Juli machen sich verschiedene Abteilungen von Carletons Regiment mit 126 Soldaten und 30 Zivilisten sowie einer 200 Tiere umfassenden Viehherde von Tucson aus auf den Weg nach Osten in das Tal von Mesilla, um dort die Union im Bürgerkrieg zu unterstützen.
Hauptmann Roberts bildet mit einem Teil seines Kommandos die Vorhut. Am 13. Juli erreicht er mit seinen Soldaten den Ort Dragoon Springs. Von dort ziehen sie weiter zum Apache Pass, um sich bei der mittlerweile verlassenen Poststation mit Wasser zu versorgen und auf Hauptmann Cremony mit dem Versorgungszug zu warten. Cochise, der die Truppenbewegungen beobachtet hatte, missversteht offenbar die Zusammenhänge und glaubt, dass sie zu Strafaktionen gegen ihn anrückten. Er beabsichtigt, den Soldaten zuvor zu kommen und mobilisiert etwa 200 Krieger. Einige Quellen sprechen sogar von 700 oder mehr Kriegern, was aber nur wenig glaubhaft ist. Es heißt, neben ihm und Mangas seien weitere namhafte Führer der Chiricahua wie Victorio, Juh und Nana an dem folgenden Angriff beteiligt gewesen.
Als Roberts mit seiner Kavallerie und Teilen der Infanterie die Poststation erreicht, wird er vom Kriegsgeschrei der Apachen und ihren Kugeln und Pfeilen empfangen. Er bringt daraufhin die beiden mitgeführten Haubitzen in Stellung. Bestürzt sehen die Apachen, wie schnell diese Waffe den Tod bringt und ergreifen die Flucht.
Cremonys zunächst zurückgelassener Versorgungszug hat mittlerweile zu Roberts Einheit aufgeschlossen. Die Soldaten befinden sich zwar jetzt an der verlassenen Poststation, doch von der nötigen Wasserversorgung, einer Quelle, trennen sie noch etwa 600 Meter. Am folgenden Tag setzen die Apachen den Angriff fort. Von Felsen ge-

schützt nehmen sie die Soldaten unter Beschuss und versuchen, sie am Zugang zur Quelle zu hindern. Mit einigen abgefeuerten Granaten gelingt es der Armee jedoch, sie in die Flucht zu schlagen und Cremony kann mit seiner Kavallerie die Felsenfestung stürmen und besetzen.
Bei den Kämpfen hatten die Soldaten zwei Männer verloren, zwei weitere waren verwundet. Die Apachen hatten nach Roberts Schätzung mindestens 9 Tote zu beklagen. Cremony allerdings will von einem Apachen erfahren haben, dass sie 63 Krieger verloren hätten. Das scheint jedoch sehr unwahrscheinlich, zumal die Indianer den Vorfall später eher herunterspielen und behaupten, es habe nur wenige Opfer gegeben.
Roberts empfiehlt nach der Schlacht, in der Nähe der Quellen ein Fort zu errichten, um zukünftig die Wasserversorgung zu sichern. Aus einem zunächst eher provisorischem Lager entsteht dort 1868 Fort Bowie.

Freundschaft mit einem Weißen

In den folgenden Jahren bleibt Cochise ein erbitterter Kämpfer gegen die Amerikaner. In dieser Zeit gibt es kaum einen Weißen, der eine Begegnung mit ihm überlebte. Um so verwunderlicher erscheint die in den USA populäre Geschichte der Freundschaft zwischen Cochise und dem Pionier Tom Jeffords.
Wer war Tom Jeffords? Vor Ausbruch des Bürgerkrieges in den Südwesten gekommen, hatte er sich 1859/60 zunächst als Goldgräber in New Mexico versucht und ging während des Bürgerkriegs im Sommer 1862 nach Arizona. Als Scout für die Armee übermittelte er Nachrichten zwi-

Abb. 11: Tom Jeffords betreute die Reservation von Cochise und seinen Chokonen von 1872 - 1876. Sowohl der Chiricahua-Häuptling als auch seine Krieger vertrauten ihm.

schen Tucson, Arizona und Mesilla, New Mexico. Im Anschluss betrieb er eine Zeit lang einen Handel mit den Indianern. Schließlich nahm er eine Stellung als Postreiter für die 1867 gegründete Southern Overland US Mail zwischen Tucson und Fort Bowie an. Nach einer Verwundung bei einem Apachenüberfall übernahm er die Leitung der Postlinie von Tucson bis Socorro in New Mexico. Und hier beginnt die Geschichte der ungewöhnlichen Freundschaft, wobei Realität und Mythos nicht leicht zu trennen sind.

Die Apachenüberfälle auf die Postreiter setzen sich zunächst fort und Jeffords verliert nach eigener Aussage innerhalb von sechzehn Monaten vierzehn seiner Männer. Da die Regierung den Schutz ihrer Reiter nicht gewähren konnte, trifft Jeffords die ungewöhnliche Entscheidung, die Apachen selbst aufzusuchen und persönlich mit Cochise zu sprechen.

Beim Eintreffen in das Apachenlager gibt er seine Waffen ab und fragt nach Cochise. Der ist von seinem Mut beeindruckt und empfängt ihn. Jeffords bleibt einige Tage als Gast im Lager der Apachen. Es gelingt ihm, Cochises Vertrauen zu gewinnen und der sichert ihm zu, fortan seine Postreiter zu verschonen. Das ist der Beginn der Freundschaft zwischen den beiden.

So zumindest beschrieb Jeffords selbst am Ende seines Lebens die Ereignisse, bevor er 1914 starb. Eine breitere Öffentlichkeit erreicht die Geschichte allerdings erst, als der Autor Elliot Arnold sie in seinem historischen Roman „Blood Brother“ verarbeitet. Der reichert sein 1947 veröffentlichtes Buch allerdings mit allerlei romantischen Zutaten an. So macht Arnold aus den beiden Freunden kurzerhand Blutsbrüder und erfindet dazu ein Ritual, das es weder bei den Apachen, noch bei einem anderen nordamerikanischen Indianerstamm gibt. Arnolds Darstellung wird in der Folge von vielen Autoren ungeprüft übernommen. Nicht lange nach Erscheinen des Buches verfilmt Hollywood den Stoff mit dem damals populären James Stewart in der Rolle des Tom Jeffords. Der Film „Broken Arrow" macht aus dieser Freundschaft endgültig einen Mythos. In Deutschland lief der Streifen unter dem Titel „Der gebrochene Pfeil".

Der Historiker Edwin Sweeney moniert, dass Jeffords mutiger Ritt in das Apachenlager und seine Begegnung mit Cochise nur durch dessen eigene Aussage gestützt wird. Zeitgenossen Jeffords geben die Zusammenhänge auch etwas anders wieder. So berichtet der Indianeragent Orlando Piper, Jeffords Kontakt zu Cochise sei bereits in der Zeit zustande gekommen, als dieser mit den Apachen Handel getrieben hatte. Der Armee-Offizier und Hilfschirurg Henry Stuart Turrill hingegen behauptet, Jeffords habe den Kontakt zu Cochise gesucht, weil er in den Bergen nach Gold suchen wollte und sich durch freundschaftliche Beziehungen zu Cochise vor Indianerangriffen schützen wollte. Bei den Apachen erzählt man sich hingegen, Jeffords sei von ihren Kriegern aufgegriffen und gefangen genommen worden. Sie hätten ihn zu Cochise gebracht, wo es dem Weißen gelungen sei, dessen Freundschaft zu gewinnen.

Da es zahlreiche Zeugen und Belege für diese Freundschaft gibt, wird sie trotz aller widersprüchlichen und legendenhaften Aspekte nicht angezweifelt. Sie spielt schließlich sogar eine wichtige Rolle im Friedensprozess, der die zehn Jahre währende Feindschaft zwischen Cochises Apachen und den USA beendete.

Der Wunsch nach Frieden

Im Jahr 1870 soll Major Green etwa tausend Westliche Apachen im Camp Mogollon, dem späteren Fort Apache, zusammenfassen und mit Lebensmitteln versorgen, als Ende August überraschend Cochise in Begleitung von einigen Kriegern im Camp erscheint.

Außerhalb des Camps trifft er mit Major Green zusammen und teilt ihm mit, dass die Zeit der Kämpfe zu einem Ende kommen müsste. Er habe viele Jahre gegen die Amerikaner gekämpft und sei nun müde. Die Armee habe viele seiner Leute getötet und er sei der Meinung, dass sie nun quitt seien. Weiter bittet er darum, sich das Lager anschauen zu dürfen, um zu prüfen, ob es für seine Chokonen in Frage käme. Er hebt hervor, dass er als großer Kriegshäuptling auch auf die Westlichen Apachen Einfluss habe und betont, dass seine Autorität helfen könne, die weniger kooperativen Apachen für den Frieden zu gewinnen.

Cochises Auftreten wird von Green als sehr respektvoll beschrieben. Green verhält sich in der Situation seinerseits sehr umsichtig und gibt keine Versprechen, die er nicht halten kann. Auch besitzt er nicht die Vollmacht, um mit Cochise einen verbindlichen Vertrag abzuschließen. Aber er gibt ihm den Rat, in sein eigenes Territorium zurückzukehren und alle Feindseligkeiten zu beenden. Daraufhin führt Cochise seinen Stamm wieder in die Chiricahua Mountains. Zwar bringt diese Begegnung nicht den großen Durchbruch, doch ist sie vermutlich ein wichtiger erster Schritt in der Wiedergewinnung von Cochises Vertrauen.

Keine zwei Monate später kommt es in Cañada Alamosa (heute: Monticello, New Mexico) zwischen Cochise und dem Sonderagenten William Arny zu einem Gespräch. Auf Arnys Appell, das Morden und Rauben müsse aufhören und die Indianer müssten auf eine Reservation gehen, antwortete Cochise: „Die Apachen wollen herumlaufen wie ein Coyote, sie wollen nicht in eine Koppel gesteckt werden." Arny beteuert, dass dies nicht beabsichtigt sei und versichert, die Apachen sollten genau die gleichen Dinge wie die Weißen erhalten. Er fordert den Häuptling auf, untereinander zu besprechen, wo sie ihre Lebensmittelzuteilungen erhalten möchten.

Cochises Antwort verdeutlicht einmal mehr seine Bereitschaft zum Frieden: „Wir wollen, dass die Weißen und alle anderen dort umherziehen können, wo sie möchten, dass sie nachts ihr Feuer machen können, sich hinlegen und in Frieden ruhen."

Schließlich sagt er Arny sichere Verhältnisse auf seinem Territorium zu, und weist seine Krieger an, die Straßen frei zu halten. Doch er teilt dem Sonderagenten auch mit, dass er nur für seinen eigenen Stamm sprechen könne. In einem Punkt hat Cochise Arny allerdings missverstanden: Er glaubte, dass die Indianer den Ort der Reservation selbst aussuchen könnten, womit er sich irrt.

Trotz positiver Zeichen, gelingt es Arny nicht, einen Durchbruch zu erzielen und es kommt zu keiner Einigung. Daraufhin entschließen sich die Verantwortlichen der Indianerbehörde ein knappes halbes Jahr später, Cochise zu Verhandlungen mit dem „Großen Vater" nach Washington einzuladen, um zu einem endgültigen Frieden zu kommen. Nathaniel Pope, Leiter des Indianeramts von New Mexico, soll Cochise die Einladung übermitteln, doch der Chokonen-Anführer bleibt mehrere Monate lang unauffindbar. Erst im Juni 1871 gelingt es Pope mit

Hilfe von Tom Jeffords den vorsichtigen Häuptling zu finden. Doch dessen Misstrauen den Weißen gegenüber ist zu groß und er schlägt die Einladung aus.
So wartet der Südwesten weiter auf eine tragfähige Friedensregelung mit Cochises Chokonen, während die Überfälle in der Region nicht abreißen. Weil das die weitere Entwicklung des Landes hemmt, unternimmt die Regierung einen weiteren Vorstoß. General Oliver Otis Howard hatte schon mehrfach sein Verhandlungsgeschick mit Indianern bewiesen und war bereits im Mai 1872 als Sonderagent in der Region unterwegs gewesen, wo es ihm gelang, mit mehreren Apachengruppen Friedensabkommen auszuhandeln. Nun wird er beauftragt, auch mit Cochise eine langfristige Lösung zu finden. Als er im August im Südwesten eintrifft, steht auch er vor der Frage, wie er mit Cochise in Kontakt kommen kann? Niemand wusste, wo er sich genau aufhielt, und einfach ein Apachenlager aufzusuchen, war zu riskant.
Erneut kommt Tom Jeffords ins Spiel, der zu dieser Zeit als Scout bei der Armee beschäftigt war. Als Howard von seinem guten Verhältnis zu Cochise erfährt, bittet er darum, ihn mit ihm zusammenzubringen. Jeffords erklärt sich dazu bereit, allerdings nur unter der Bedingung, ohne Soldaten zu reiten, was der General zu Jeffords Erstaunen sogar akzeptiert.
Am 18. September 1872 brechen sie auf, begleitet nur von Leutnant Sladen und von Chie, einem Sohn des ermordeten Mangas Coloradas, ein weiterer Apache schließt sich ihnen unterwegs an. Als sie das Lager in den Dragoon Mountains erreichen, ist Chochise zunächst abwesend, doch erscheint er am nächsten Morgen mit seiner Familie und begrüßt Jeffords herzlich,

Abb. 12: General Howard gelang es im Herbst 1872, Cochise zu einem Friedensabkommen zu bewegen.

der ihn sogleich mit General Howard bekannt macht. Howard erklärt, er sei gekommen, um mit ihm Frieden zu schließen und Cochise entgegnet, dass niemand den Frieden mehr wolle als er. Als Gebiet für eine zukünftige Reservation nennt Howard das in New Mexico gelegene Cañada Alamosa, das schon länger im Gespräch war. Cochise überrascht jedoch mit dem Vorschlag, stattdessen die ihm vertraute Region um den Apache Pass zu nehmen. Howard zeigt sich jedoch zunächst ablehnend.

Die Verhandlungen ziehen sich 10 – 11 Tage hin, denn Cochise muss seinen Vorschlag noch mit den anderen Chokonen-Führern absprechen, von denen einige noch nicht ins Lager zurückgekehrt sind. Nachdem sich die Krieger in der Beratung für Frieden und eine Reservation am Apache Pass ausgesprochen haben, bewilligt Howard entgegen seiner ersten Zweifel schließlich doch das gewünschte Territorium. Cochise sagt zu, dass die Chokonen die Reservation nicht verlassen und von weiteren Überfällen absehen würden. Howard wiederum verspricht, Lebensmittel und Kleidung bereitzustellen und erklärt sich zudem damit einverstanden, dass Jeffords die Leitung der Reservation übernehme.

Während des Aufenthalts im Lager der Chokonen hält Leutnant Sladen neben dem Verhandlungsgeschehen einige interessante Beobachtungen in seinem Tagebuch fest. So erreichte ein verwundeter Krieger das Lager und Cochise betete um seine Heilung zum „Großen Vater". Da Sladen über medizinische Kenntnisse verfügte, schlug Howard vor, er könne behilflich sein. Cochise lehnte das Angebot jedoch ab – und zwar aus Sorge um seine Besucher. Denn falls der Verwundete, der ernsthaft verletzt war, trotz der Hilfe des Weißen stürbe, würden seine Leute diesem und seiner Medizin die Schuld dafür geben. Und sicher würden sie sein Leben dafür fordern.

Die Einigung mit Cochise wird allgemein mit Erleichte-

rung aufgenommen. Doch gibt es auch kritische Stimmen, weil die neue Reservation direkt an Mexiko grenzte. Befürchtungen, die Indianer könnten sie als Rückzugsgebiet für ihre Überfälle im Nachbarland nutzen, erweisen sich später als durchaus berechtigt. Cochise selbst gibt zu: „Die Mexikaner sind eine Sache, die Amerikaner eine andere. … Ich habe mit den Amerikanern Frieden gemacht, aber die Mexikaner haben mich nicht nach Frieden gefragt."

Offiziell wird die Einrichtung Chiricahua-Reservation genannt, denn die Anglo-Amerikaner des 19. Jh. bezeichnen die Chokonen von Cochise allgemein als Chiricahua. Seit dem Mord an Mangas Coloradas folgt die kleine Gruppe der Bedonkohe ohnehin bereits zum großen Teil Cochise und trägt die getroffenen Vereinbarungen jetzt auch mit. Auch andere Apachengruppen werden von Cochise über das Friedensabkommen informiert, und er lädt sie ein, sich anzuschließen. Im November erscheint Juh mit seinen Nedhni aus Mexiko auf der Reservation. Unter ihnen befindet sich auch Geronimo. Nach anfänglichem Zögern entschließt sich die 200 bis 400 Personen große Gruppe ebenfalls für das Leben auf der Reservation. Die regelmäßig ausgegebenen Rationen und das sichere Territorium sind vermutlich sehr verlockend.

Abb. 13: In den Dragoon Mountains im Südosten Arizonas fanden die Friedensgespräche zwischen Cochise und General Howard statt. Die unübersichtlichen Berge waren ein beliebter Schlupfwinkel der Apachen.

Die letzten Jahre auf der Reservation

Abgesehen von dem Verhältnis der Apachen zu Mexiko scheint die Arbeit des Agenten Jeffords erfolgreich zu sein. Tom Jeffords war kein Bürokrat und machte keinen strikten Dienst nach Vorschrift. Stets achtete er darauf, dass alle Indianer der Reservation ihre Lebensmittelzuteilungen bekamen. Auch vermied er peinliche Kontrollen oder Fragen. Bei Engpässen der Indianerverwaltung gab er mitunter sein eigenes Geld für die Rationen aus oder besorgte Medikamente auf eigene Rechnung. Sein guter Kontakt zu Cochise verhalf ihm dazu, auch von den anderen Anführern akzeptiert und respektiert zu werden.

Der Gouverneur von Arizona, Anson Safford, lässt sich etwa zwei Monate nach dem Friedensschluss von Jeffords zu Cochise führen. Er bemerkt das besondere Vertrauensverhältnis zwischen dem Chokonen-Führer und dem Indianeragenten und äußert sich zuversichtlich, dass, solange Jeffords diese Reservation leite, der Frieden Bestand haben werde.

Doch die Überfälle und Verwüstungen auf der mexikanischen Seite der Grenze bleiben ein Ärgernis. General Crook, der im Juli 1871 das Oberkommando in Arizona übernimmt und die Friedensmission von General Howard skeptisch beurteilt, ist überzeugt, dass Chokonen von Cochise dafür verantwortlich sind. Da er sich aber an Howards Vertrag gebunden fühlt, kommt ein militärisches Eingreifen für ihn nicht in Frage. Doch sendet er im Januar 1873 eine von Hauptmann Bourke angeführte Delegation zu Cochise.

Jeffords fungiert bei den von Bourke im Tagebuch festgehaltenen Gesprächen als Übersetzer. Bourke schreibt: „Sein Empfang war höflich, obwohl er nur wenig Höflichkeiten von sich gab. Er brachte seinen aufrichtigen Wunsch nach Frieden zum Ausdruck … Er leugnete nicht, dass seine Männer die Gewohnheit hätten, in Mexiko auf Beutezug zu gehen, aber er könne es nicht verhindern, da es nichts anderes sei, als was von anderen Reservationen aus geschehe." Abermals weist Cochise darauf hin, dass er mit den Amerikanern einen Vertrag gemacht hätte und nicht mit Mexiko.

1874 überlegt die Indianerbehörde schließlich die Reservation wegen der anhaltenden Probleme aufzulösen und die Indianer mit den Chihenne in New Mexico zusammenzulegen. Als der Leiter des Amts für Indianerfragen in New Mexico, Levy Edwin Dudley, im Mai am Apache Pass eintrifft, um mit Cochise darüber zu sprechen, ist dieser bereits schwer krank. Schon seit Jahren hatte er unter einer Magenerkrankung gelitten. Auch die von Jeffords besorgten Medikamente halfen ihm nicht mehr, das Leben des großen Apachenführers ging zu Ende. Unter diesen Bedingungen sieht man zunächst von einer Schließung der Reservation ab.

Mit seinen letzten Worten soll Cochise sein Volk ermahnt haben, den Frieden aufrecht zu halten und weiterhin den Worten seines weißen Freundes Jeffords zu folgen. Er wurde nach den Riten der Apachen auf der Reservation bestattet. Jeffords war der einzige Weiße, der der Zeremonie beiwohnte. Der genaue Ort der letzten Ruhestätte blieb geheim, auch Jeffords gab ihn nicht preis.

Wenige Tage nach Cochises Tod erzählte Jeffords dem jungen Angestellten eines Handelspostens in Fort Bowie, Al Williamson, von seinem letzten Gespräch mit seinem Freund am Vorabend seines Todes. Dieser gab den Dialog an den Historiker Frank Lockwood weiter, allerdings erst 1934, also sechzig Jahre später. Williamson muss zu diesem Zeitpunkt etwa achzig Jahre alt gewesen sein, vermutlich älter. Dass er sich an den genauen Wortlaut erinnern konnte, scheint zumindest fraglich, doch der Inhalt des Gesprächs war ihm vielleicht noch gegenwärtig. Hier die überlieferten Worte:

Cochise: „Glaubst du, dass du mich lebendig wiedersehen wirst?"

Jeffords: „Nein, das glaube ich nicht. Ich denke, morgen Nacht wirst du tot sein."

Cochise: „Ja, das glaube ich auch – morgen gegen zehn Uhr Vormittag werde ich sterben. Glaubst du, wir wer-

den uns wiedersehen?"
Jeffords: „Ich weiß nicht. Was meinst du?"
Cochise: „Als ich krank war, habe ich darüber nachgedacht und ich glaube, wir werden uns wiedersehen. Gute Freunde werden sich wieder begegnen – oben." Er zeigte zum Himmel.

Exkurs: Sterben und Tod

Der Tod ist in jeder Kultur eine extreme Grenzsituation. Die Apachen besaßen weder einheitliche Vorstellungen vom Jenseits noch gemeinsame Bestattungsbräuche, denn es gab sowohl regionale als auch Stammesunterschiede. Alle Apachen scheinen aber geglaubt zu haben, dass das Leben im Jenseits besser sei, als auf der Erde. Man verbrachte seine Zeit, mit dem, was man auf Erden gern getan hat, und mit dem, was ein gutes Leben ausmachte: Jagen, Sammeln und Raubzüge. Die Apachen dachten, ein toter Verwandter würde dem Verstorbenen erscheinen, und ihn auf einer viertägigen Reise in die Unterwelt führen.

Daneben war die Vorstellung vom Tod für die Apachen allerdings äußerst angstbesetzt, da sie glaubten, der Geist eines Toten könne zu den Lebenden zurückkehren und großes Unglück über sie bringen. Im schlimmsten Fall, so nahm man an, würde er ihren eigenen Tod bringen oder sie doch zumindest krank machen. Man stellte sich vor, dass die Verstorbenen sich auf diese Weise für erlittenes Unrecht und Verletzungen rächen wollen. Zudem gab es die Ansicht, die Toten seien in ihrem Reich einsam und würden sich nach Gesellschaft sehnen. Ein nicht ordnungsgemäß durchgeführtes Bestattungsritual konnte die Gefahr erhöhen, den Geist eines Verstorbenen anzulocken.

Man zog dem Toten seine besten Sachen an, bemalte sein Gesicht und wickelte ihn in eine gute Decke. Er wurde auf sein Pferd gelegt und die Trauernden nahmen auf dem Weg zum Begräbnisort soviel von seinem persönlichen Besitz mit, wie sie tragen konnten. Aus

Angst vor den verunreinigenden Aspekten des Todes blieb die Trauerversammlung am Grab aber eher klein. Als Grabstätte diente meist eine Felsspalte, die dann mit Steinen, Gebüsch und Erde bedeckt wurde. Einen Teil der persönlichen Habe begrub man mit dem Toten, den Rest zerbrach man vor Ort und ließ ihn zurück. Das Pferd wurde am Grab getötet, da angenommen wurde, der Tote könne es, wie auch seine anderen Sachen, im Jenseits brauchen.
Eine ganze Reihe von Schutzmaßnahmen gab es, um die Gefahr vor Totengeistern möglichst gering zu halten. Nach der Bestattungszeremonie verließen die Trauernden den Ort zügig, ohne sich noch einmal umzudrehen. Im Lager angekommen zogen sie sofort ihre Kleidung aus, wuschen sich und verbrannten dabei Pflanzen wie Salbei oder Wacholder, um sich innerlich zu reinigen. Der übrige persönliche Besitz des Toten wurde zerstört oder verbrannt. Was in unserer Erinnerungskultur undenkbar ist: Es wurde nichts zurück behalten, was auf Dauer an den Verstorbenen erinnert und so seinen Geist anziehen könnte. Selbst sein Name wurde nicht mehr ausgesprochen, und im Gespräch versuchte man, ihn zu umschreiben.
Männer halten in der Trauer um nahe Verwandte ihre Tränen nicht zurück und Frauen klagen lauthals. Besonders der Verlust von Kindern löste stark Trauer aus. Um den Todesfall nach außen sichtbar zu machen, schneidet man sich etwas von den Haaren ab und trägt alte Kleidung. Für eine gewisse Zeit isoliert man sich von der Gemeinschaft und meidet soziale Ereignisse.

Tom Jeffords erinnerte sich 1914, kurz vor seinem Tod, nochmal an Cochise: „ … obwohl ich regelmäßig gezwungen war, Truppen gegen ihn und seine Gruppe zu führen, störte das nie unsere Freundschaft. Er respektierte mich und ich respektierte ihn. Er war ein Mann, der einen Lügner verachtete, er war stets in allen Dingen wahrhaftig. Seine Religion war Wahrheit und Loyalität."

Edwin Sweeney stellt fest, Mangas Coloradas habe seine Führerschaft auf Stammesebene unter anderem dadurch erlangt, dass er Allianzen unter verschiedenen Gruppen und Stämmen gebildet hat. Cochise aber habe sich auf Grund seiner dynamischen Persönlichkeit zum Anführer entwickelt. Diese kam auch in seinem starken Bedürfnis nach Rache zum Ausdruck, nach dem er in der Bascom-Affäre ungerechtfertigt beschuldigt und sein Bruder getötet wurde. Seine Wut und Rache nahmen ein derart ungeheures Ausmaß an, dass sich andere Apachen wie magnetisch davon anziehen ließen.

Als Cochise starb, blieb die Reservation zunächst in ihrer Form bestehen, doch sein Tod erhöhte die instabile Lage. Mit ihm hatten die Chokonen ihren starken Anführer verloren, dessen Autorität seine Söhne, zunächst Taza, und nach dessen frühem Tod, Naiche, nicht ersetzen konnten. 1876 liefern Zwischenfälle einen willkommenen Anlass, schließlich doch die Reservation aufzulösen. Eine kleine Gruppe von Chokonen spaltet sich unter der Führung der beiden Brüder Skinya und Pionsenay im Streit von den anderen ab und tötet drei Weiße.
In Absprache mit Gouverneur Safford erhält der Agent der San-Carlos-Reservation, John Clum, daraufhin den Auftrag, Jeffords seines Amtes zu entheben und die Kontrolle der Reservation zu übernehmen. Im Juli gelingt es Clum die Rebellen aufzustöbern und den Anführer Skinya zu töten. Sein Bruder Pionsenay kann verwundet fliehen. Cochises Sohn Taza ist bereit, mit seinen Anhängern die Reservation zu verlassen und Clum nach San Carlos zu folgen. So gelingt es Clum, 325 Indianer dort hin zu bringen. 400 andere jedoch fliehen zunächst unter der Führung

von Juh, Geronimo und Nolgee nach Sonora, weitere 200 entweichen zu vertrauten Plätzen in New Mexico.
In den Jahren 1877 – 1880 wird Victorio, der sich zu dieser Zeit mit seinen Chihenne auf der Hot-Springs-Reservation in New Mexico befindet, zu einer zentralen Figur des Widerstands aufsteigen.

Abb. 14: Cochises Sohn Naiche mit einer seiner drei Frauen. Nachdem sein älterer Bruder Taza nur etwas mehr als zwei Jahre nach seinem Vater starb, übernahm Naiche die Führung des Stammes.

4. Kapitel
Victorio: Der Kampf um die Heimat

Als Victorio den Kriegspfad gegen die Weißen beschreitet, findet das schon unter ganz anderen Voraussetzungen statt, als noch bei Cochise. Während Cochises langen Krieg gegen die Amerikaner konnten sich die Indianer noch frei auf ihrem Land bewegen und besaßen vermutlich noch die Hoffnung, sie könnten die „Bleichgesichter" völlig von ihrem Land vertreiben. Dies sieht bei Victorio völlig anders aus.

Mitte der 70er Jahre sind die Karten gemischt und an der dauerhaften Präsenz der Weißen, die immer zahlreicher werden, besteht nun kein Zweifel mehr. Den Apachen werden Territorien als Reservationen zugewiesen, und sie müssen sich auf neue Lebensumstände einstellen. Lediglich über die Umsetzung der Indianerpolitik gibt es verschiedene Ansichten, so z.B. darüber, welche Stämme die Reservationen miteinander teilen sollen, über die einzelnen Zuständigkeiten oder auch die Zuschnitte der Gebiete.

Victorios Biograf Dan Thrapp sieht in ihm vor allem den brillanten militärischen Strategen und den bedeutenden Krieger. Die Hintergründe seiner Kriegszüge in den letzten Lebensjahren sind hingegen weniger bekannt. Victorio war aber auch ein aufrichtiger, gewandter Anführer, der unermüdlich für sich und sein Volk in Verhandlungen nach einem Kompromiss suchte und dabei durchaus auch Erfolge erzielte. General Howard musste seinen ersten Eindruck korrigieren, als er ihn zunächst als distanziert bis feindlich erlebte, und ihm schließlich eine große Charakterstärke bescheinigen.

Herkunft und Kindheit

Victorios Herkunft und Geburt um 1825 bleibt rätselhaft. In Mexiko ist die Ansicht verbreitet, dass er mexikanischer Abstammung sei, als Kind von Apachen entführt und von ihnen aufgezogen worden sei. Entsprechende Hinweise sind allerdings weder in mexikanischen noch in amerikanischen Dokumenten zu finden. Auch unter den Apachen selbst gibt es keine derartige Überlieferung, was eher gegen diese Version spricht. Dennoch hält sich diese Überzeugung hartnäckig, vor allem im mexikanischen Chihuahua, wo Victorio angeblich geboren wurde.

Einigkeit herrscht über seine weitere Biographie: Victorio wächst in New Mexico westlich des Rio Grande zwischen den San Mateo Mountains und den Bergen des Black Range bei der Chiricahua-Gruppe der Chihenne auf. Dort in der Region von Ojo Caliente mit ihren heißen Quellen durchläuft er wie alle anderen Jungen die übliche Erziehung mit ihren Ritualen, die ihn auf ein Leben als Krieger vorbereiten.

Sein Apachenname lautet Bidu-ya, während die spanische Bezeichnung Victorio vermutlich von den Mexikanern stammt. In den meisten frühen Originalquellen wird er zunächst noch „Victoria" („der Sieg") bezeichnet. Aus einer Notiz des Agenten Dr. Steck geht hervor, dass er auch unter dem spanischen Namen Lucero („Stern") bekannt war.

1876 wird Victorio erstmals von einer bei den Chihenne durchgeführten Zählung erfasst, die festhält, dass er eine Frau und fünf Kinder zu versorgen hat. 1846 heiratet Victorio ein Mädchen seines Stammes. Sie bekommen

als erstes Kind die Tochter Dilth-cleyhen und einige Jahre später den Sohn Washington. Mitte der 60er Jahre nahm er eine weitere Frau, mit der er zwei weitere Kinder, vermutlich Töchter, hatte. Schließlich heiratete er noch eine dritte Frau, die ihm 1872 den Sohn Charlie Istee gebar. Seine Frau überlebte die Geburt allerdings nur um wenige Wochen. Im gleichen Jahr musste Victorio auch den Verlust seiner zweiten Frau hinnehmen. Als sie und andere Frauen außerhalb des Lagers Wurzeln ausgruben, wurden sie von einer Gruppe Weißer überfallen und getötet.
In den historischen Quellen taucht Victorio erstmals 1853 auf, allerdings noch unter der Bezeichnung Victoria. Bei den Verhandlungen von Acoma im Jahr zuvor waren er und eine Reihe anderer Chihenne-Häuptlinge nicht dabei. Ein neuer Vertrag sollte die Vereinbarungen von 1852 ergänzen. Die Anführer stimmten zu, sich auf ausgewählten Gebieten mit ihrem Volk nieder zu lassen. Im Gegenzug sicherte ihnen die Regierung dieses Land zu.
Obwohl Victorio zum Zeitpunkt des Todes von Mangas Coloradas im Jahr 1863 bereits viele Anhänger hat und auch schon Kriegszüge anführt, wird er nicht zu seinem Nachfolger gewählt. Stattdessen entscheiden sich die Chihenne für Delgadito. Allerdings scheint auch er nicht mehr lange gelebt zu haben, zumindest erwähnen ihn die zeitgenössischen Dokumente schon seit 1864 nicht mehr. Von da an steigt Victorio zum unangefochtenen Führer der Chihenne auf.

Abb. 15: Der Anführer Victorio ist eine der vielen tragischen Gestalten im Überlebenskampf der Apachen. Zwar war er guten Willens und kompromissbereit, doch die Lebensbedingungen von San Carlos konnte er für sein Volk nicht akzeptieren. Dies trieb ihn zu Flucht, Kampf und letztlich in den Tod.

Das Ende des freien Lebens – Die Reservationen Tularosa und Warm Springs

Im Jahr 1869 lässt sich eine größere Anzahl von Chiricahua westlich des Rio Grande in der Nähe des Ortes Cañada Alamosa in New Mexico nieder, unter ihnen die Gruppen von Cochise, Loco und Victorio. Sie hoffen, dort eine dauerhafte Bleibe zu finden.

Von Präsident Grant wurde Vincent Colyer zum Sonderkommissar für Indianerfragen beauftragt, um feste Reservationen für die Indianer des Südwestens einzurichten. Das Tularosa Tal mit seinem umgebenden Hochland erscheint ihm ein geeigneter Ort für die Chihenne, denn die Region um Cañada Alamosa hält er wegen der immer zahlreicher werdenden Siedler auf Dauer für zu riskant.

Victorio besichtigt das Gelände und befindet es für gut. Doch obwohl verbreitet wird, dass alle Apachen, die sich der Umsiedlung widersetzen, fortan als Feinde angesehen würden, wird der Umzug in die Reservation nur von einer Minderheit akzeptiert. Von den etwa 1600 Apachen, die sich bei Cañada Alamosa versammelt hatten, kann General Sheridan im Frühling 1872 lediglich 450 in das neue Territorium führen, das sich etwas weiter westlich befindet. Auch Cochise entscheidet sich dagegen und kehrt mit seinen Chokonen in ihr eigentliches Siedlungsgebiet im südöstlichen Arizona zurück, andere setzen sich in die Berge ab.

Aber auch diejenigen, die sich auf den Umzug eingelassen hatten, kommen mit dem Leben in der Reservation nicht zu Recht. Gegenüber dem zuvor zum Indianerkommissar berufenen General Howard klagen sie über verstorbene Kinder und missglückte Ernten, über unreines Wasser, Krankheiten und das kältere Klima. Zudem gibt es Vorbehalte gegenüber ihrem zuständigen Agenten O. F. Piper. Viele Indianer verlassen den Ort immer wieder für längere Zeit und halten sich nur zeitweilig dort auf.

Victorio war der erste Indianer, den Howard in Tulurosa zu sehen bekam. In seinen Erinnerungen beschreibt er ihn als weder distanziert, noch gerissen, sondern als einen „guten Mann“, der in Sorge um sein Volk war. Er erlebte ihn im Konflikt zwischen seinen ungeduldigen, gewaltbereiten Kriegern und seinem eigenen Wunsch nach Frieden.

Angesichts der Probleme stellt Howard Victorio in Aussicht, seinen Stamm im nächsten Frühjahr nach Ojo Caliente zu führen, das im Herzen ihrer alten Heimat liegt, und wo sich am Alamosa River heiße Quellen befinden. Es liegt keine 30 Kilometer nördlich von Cañada Alamosa.

Die Aussicht auf den Ortswechsel hatte Howard allerdings in dem Glauben gegeben, dass auch Cochise mit seinem Stamm dorthin gehen würde. Als dieser sich jedoch weigert und Howard mit ihm eine Vereinbarung über eine eigene Chokonen-Reservation im Südosten Arizonas trifft, muss er Victorio, Loco und Ponce mitteilen, dass es mit dem Umzug nach Ojo Caliente nichts wird. Die Regierung in Washington ist nicht bereit, das gewünschte Land für eine so kleine Anzahl von Indianern zu kaufen und als Reservation einzurichten.

Diese Nachricht und die Neuigkeit einer eigenen Chiricahua-Reservation für Cochise und seine Gruppe sorgen in Tularosa für Unruhe, die letztlich doch noch zur Bewilligung der Rückkehr führt. Der von der Armee begleitete Umzug ist bis zum September 1874 abgeschlossen. Offiziell heißt die Heimat der Chihenne jetzt „Hot Springs Indian Reservation“, aber auch „Warm Springs“ ist gebräuchlich sowie der traditionelle spanische Name „Ojo Caliente“, der das gleiche bedeutet wie die englischen Bezeichnungen: warme oder heiße Quellen. Etwa 400 Apachen, unter ihnen ca. 175 Krieger, werden dort leben.

Umsiedlung nach San Carlos und Flucht

Aber der Landhunger der Weißen ist noch lange nicht gestillt und schon ein Jahr später werden die Rufe lauter, alle Apachen auf einer einzigen Reservation zu konzentrieren. Vordergründig wird argumentiert, es seien schließlich alles Apachen, die die gleiche Sprache sprächen und sich auf der gleichen Entwicklungsstufe befänden. Tatsächlich aber spielen Kultur und Traditionen bei dieser Idee keine Rolle. Die tiefe traditionelle Bindung verschiedener Gruppen an bestimmte Regionen wie auch die komplizierten Beziehungen einzelner Gruppen bis hin zur Feindschaft werden schlicht ignoriert.
Schließlich kristallisiert sich der Plan heraus, alle Apachengruppen westlich des Rio Grande in San Carlos zu konzentrieren. Damit erhoffen sich die Amerikaner eine bessere Kontrolle über die Apachen, und neuen Siedlern soll der Zugang zu ehemaligem Indianerland ermöglicht werden. Doch die Maßnahme wird sich als Bumerang erweisen und für eine erneute Eskalation der Lage sorgen.

Im Jahr 1875 hatte Arizona auf der San-Carlos-Reservation bereits Tatsachen geschaffen: Zunächst werden 1500 Apachen von Camp Verde nach San Carlos überführt, und im Sommer kommen noch zusätzlich Teile der White Mountain dazu. Im darauf folgenden Jahr werden auch die 325 Bewohner der aufgelösten Chiricahua-Reservation dort hin gebracht.
Doch die Agentur von Hot Springs bleibt davon zunächst unberührt. Seit ihrer Einrichtung gab es dort kaum Probleme, wenn gleich die Chihenne auch beschuldigt wurden, die Chiricahua-Reservation als Quartier zu nutzen, um in Mexiko auf Beutezug zu gehen. Doch Ende 1876, spätestens Anfang 1877, sollte sich die Situation verschärfen, als Geronimo mit etwa 135 Chokonen und Bedonkohe dort auftaucht. Mit seiner Gruppe und einigen Chihenne-Kriegern bricht Geronimo von Ojo Caliente zu mehreren Raubzügen ins südliche Arizona auf. Diese Vorfälle führen schließlich nicht nur zur gezielten Verfolgung der Rebellen, sondern auch zur Auflösung der gesamten Reservation.
Die Indianerbehörde steht den Konflikten zunächst ohnmächtig gegenüber. Ohnehin war es ihr nicht gelungen, zu den Indianern ein Vertrauensverhältnis herzustellen. Viermal innerhalb von 3 Jahren waren die Agenten ausgewechselt worden, teils hatten sie sich als korrupt, teils als schlicht ungeeignet erwiesen. Außerdem vermochten sie es nicht, die Apachen weiter an die Landwirtschaft heran zu führen. Als im März 1877 offensichtlich wird, dass von Warm Springs regelmäßig Chihenne und flüchtige Chokonen gemeinsam Überfälle in Arizona und Mexiko begehen, sieht sich Gouverneur Safford gezwungen, auf die instabile Lage zu reagieren.

Er wirft dem Agenten völlige Unfähigkeit vor und drängt den Kommissar der Indianerbehörde, Smith, dafür zu sorgen, dass alle nicht friedlichen Chiricahua nach San Carlos kämen. Der beauftragt umgehend den dortigen Agenten, John Clum, mit dieser heiklen Aufgabe.
Bis Mitte April hat Clum mit seinen Scouts herausgefunden, dass sich in Warm Springs insgesamt 600 Indianer befanden. Wenig später erhält er aus Washington die Anweisung, nicht nur die Unruhestifter um Geronimo (siehe Kapitel 5), sondern alle Bewohner der Reservation zu deportieren. Damit wären alle Apachen westlich des Rio Grande auf einen Schlag an einem Ort konzentriert.
So kommt es, dass Clum am 1. Mai 1877 Warm Springs mit 452 Indianern verlässt, unter ihnen Victorio, und die Reservation wieder zum öffentlichen Gebiet erklärt wird.
In seinen Berichten erweckt Clum zwar den Eindruck, Victorio sei ihm problemlos nach San Carlos gefolgt, doch tatsächlich steht dieser dem Wechsel ablehnend und voller Misstrauen gegenüber. Er und seine Krieger verbargen vor dem Umzug heimlich einen Teil ihrer Waffen, um sich die Möglichkeit einer Rückkehr offen zu halten.
Nachdem die Umsiedlung nach San Carlos vollzogen war, stellte sich schnell heraus, dass die Verhältnisse dort keineswegs für das Zusammenleben einer so hohen Zahl von Indianern geeignet sind. Den Chihenne wird ein Ort mit ungünstigen Voraussetzungen zugewiesen: Das Land erwies sich als unfruchtbar und bot keine guten Jagdmöglichkeiten. Nach Aussagen des Anführers Loco, waren die Essensrationen so knapp bemessen, dass Hunger herrschte. Zudem gab es Fälle von Malaria. Auch das enge Zusammenleben mit den White Mountain, die zu

den traditionellen Feinden der Chihenne zählten, erwies sich als äußerst problematisch.
Tom Jeffords, der die Chiricahua wie kaum ein anderer kennt, warnt angesichts der zahlreichen Probleme schon im gleichen Monat vor einem möglichem Ausbruch aus der Reservation. Erschwerend hinzu kommt, dass San Carlos mit Henry Lyman Hart am 21. August einen neuen Agenten bekommen hat. Er tritt die Nachfolge von John Clum an, der wegen Auseinandersetzungen mit General Kautz sein Amt kurzerhand am 1. Juli niederlegte. Hart erscheint in San Carlos als die explosive Situation auf der Reservation ihren Höhepunkt erreicht.
Er ist noch keine zwei Wochen im Amt, da verschwinden am Abend des 2. September Victorio, Nana und Loco mit 300 Anhängern von der Reservation. Unterstützt von umliegendem Militär nimmt die Indianerpolizei sofort die Verfolgung auf, doch die Indianer können entkommen. Der Ausbruch war vermutlich seit längerem vorbereitet, doch ausgelöst hat ihn wohl ein anderer Vorfall.
Einige Tage zuvor waren der an den Unruhen auf der Chiricahua-Reservation beteiligte Pionsenay und der Nedhni-Anführer Nolgee in einer Nebenagentur von San Carlos aufgetaucht. Weil sie keine Zusagen auf Straffreiheit erhalten, verlassen sie die Reservation am 1. September wieder fluchtartig, nachdem sie einige Frauen und Kinder aus ihren Familien befreit und mehrere Pferde der White Mountain gestohlen haben. Für Victorio und seine Gruppe bedeutete die entstandene unübersichtliche Lage auf der Reservation ein willkommenes Signal, um nur einen Tag später selbst den Ausbruch zu wagen.

Abb. 16: Loco war neben Victorio einer der bekanntesten Anführer aus der Chiricahua-Gruppe der Chihenne.

Im Vorfeld sorgten verschiedene Ereignisse für Unruhe. So hieß es, Victorio und seine Krieger hätten vor dem Ausbruch einen Anführer der White Mountain und seine Familie aus Vergeltung getötet. Dieser Verdacht konnte zwar nie bewiesen werden, aber verdeutlicht nochmals die Spannungen zwischen den beiden Gruppen. Loco begründete den Ausbruch später mit der ungerechten Verlegung nach San Carlos und den zu knappen Essensrationen. Aber es hieß auch immer wieder, ihre Zuneigung zu Ojo Caliente sei ein wichtiger Faktor bei der Flucht gewesen. So beteuerte der Chihenne Sam Haozous: „Wir hatten unser zuhause dort (Ojo Caliente)."

Etwa zwei Wochen lang liefern sich die Abtrünnigen mit der Armee Gefechte, wobei es den Verfolgern gelingt, mehrere Indianer gefangen zu nehmen und einige zu töten, unter ihnen auch Frauen und Kinder. Doch obwohl sich mittlerweile Truppen aus New Mexico an der Verfolgung beteiligen, kann die Hauptgruppe ihnen immer wieder entkommen.

Doch noch im September nehmen Victorio, Nana und Loco Kontakt zu Fort Wingate auf, das sich nördlich von San Carlos in der Nähe des Navajo-Gebietes befindet. Wenig später ergeben sie sich mit insgesamt 187 Flüchtigen. Weitere 46 Indianer finden sich einige Tage später ein. Vielleicht hoffen sie, an ihren Lebensbedingungen noch etwas ändern zu können.

Und tatsächlich erhält Hauptmann Jewett, der Kommandant von Fort Wingate, eine Vollmacht, mit den Anführern über den künftigen Aufenthaltsort der Chihenne zu verhandeln. Die sprechen sich einhellig dafür aus, in ihre ehemalige Reservation Warm Springs zurück zu kehren. Victorio erklärt dazu: „Wir wollen in Ojo Caliente bleiben. … Wir wollen nicht, dass irgendwelche anderen Indianer uns stören. ... Wir wollen dort sterben. Dort haben wir viel Wasser und viel Regen und wir wollen arbeiten gehen."

Im gleichen Monat finden sich auch auf der Mescalero-Reservation östlich des Rio Grande noch einmal 50–60 der ausgebrochenen Indianer ein. Damit haben sich alle wichtigen Anführer der Chihenne ergeben, die jetzt hoffen, wieder in ihr ehemaliges Siedlungsgebiet zurückkehren zu können.

Exkurs: Die San-Carlos-Reservation

Allein mit militärischen Mitteln waren die Apachen nicht zu besiegen. In der Bevölkerung begann sich auch Widerstand gegen die Vernichtungsstrategie der Regierung zu regen. Präsident Ulysses Grant versuchte, dem mit seiner sogenannten Friedenspolitik zu begegnen: Es wurde nun stärker auf Verhandlung als auf militärische Auseinandersetzung gesetzt, die Verwaltung der Reservationen wurde mit explizit christlich eingestellten Mitarbeitern besetzt. Am grundlegenden Interessenkonflikt konnten die humanistischen Neuerungen indessen nichts ändern: Weiterhin ging es den Weißen darum, ihren Einfluss und die Kontrolle über das Land auszuweiten und zu festigen.

Am 30. April 1871 verübte ein weißer Mob von Bürgern aus Tucson gemeinsam mit Tohono O´odham Indianern (früher als Papago bezeichnet) ein Massaker an Westlichen Apachen (siehe S. 24). Unter dem Druck dieser Ereignisse ließ die Regierung bis 1872 zunächst vier Reservationen einrichten, um die Indianer vor weiteren Übergriffen zu schützen. Ein erwünschter Nebeneffekt war es natürlich, den weißen Siedlern einen unbehelligten Zugriff auf ihr übriges Land zu verschaffen. Für die Apachen jedoch begann damit der Abschied von ihrem vertrauten Leben.

Langfristig sollten alle Apachen auf Reservationen angesiedelt werden und dort an eine Selbstversorgung mittels Viehzucht und Ackerbau herangeführt werden. Was sich in der Theorie gut anhörte, war in der Praxis kaum durchführbar, denn das zur Verfügung gestellte Land bot nur selten die nötigen Voraussetzungen. Dies trifft auf die San-Carlos-Reservation, von Leutnant Britton Davis die „40 Morgen der Hölle" genannt, in besonderem Maße zu. Dort steigen die Temperaturen im Sommer bis auf 50° Celsius. Die Trockenheit und Hitze bietet lediglich Kakteen und wenigen anderen niedrigen, dornenbewehrten Pflanzen einen Lebensraum. An Tieren halten es nur Klapperschlangen, Taranteln und Skorpione dort aus.

Da auf dem Gelände große Kupfervorkommen entdeckt wurden, erklärte man Teile der Reservation schon kurz nach ihrer Gründung 1874 wieder zum öffentlichen Land. So ermöglichte man den Minengesellschaften einen ungestörten Abbau.

Zunächst wurden die San-Carlos-Apachen gemeinsam mit den südlichen Gruppen der White Mountain bei Camp Grant untergebracht. Doch nachdem es dort zu Problemen kam, errichtete man das Hauptquartier der Agentur direkt in San Carlos am Gila River. Nach der Entscheidung, alle Apachengruppen von Arizona in einer einzigen Reservation zu konzentrieren, begann die Aufstockung: 1875 mussten die Yavapai-Apachen ihre erst vor drei Jahren bezogene Reservation in Camp Verde wieder verlassen und nach San Carlos ziehen. Im Jahr darauf wurden die White Mountain zwangsweise umgesiedelt. 1877 kamen zusätzlich Chiricahua mit Victorio aus ihrer geschätzten Heimat bei Ojo Caliente in New Mexico hinzu sowie die Rebellengruppen um Geronimo.

Man pferchte Gruppen auf engem Raum zusammen, zwischen denen keinerlei Verbindung bestand, oder die sogar miteinander verfeindet waren. In den 80er Jahren des 19. Jahrhunderts lebten etwa 5000 Apachen auf San Carlos. Der Ort wurde zusehends zum Pulverfass. Besonders die Feindschaft zwischen White Mountain und Chiricahua musste zu Konflikten führen.

Wie in vielen anderen Reservationen lag die Verwaltung von San Carlos überwiegend in den Händen überforderter oder korrupter Beamter. Diese trugen meist die Verantwortung für die schlechte, unzureichende Verpflegung, die zu hohen Krankenständen führte. Eine Ausnahme war sicher John Clum, der die Indianer respektvoll behandelte, ihnen mehr Freiheiten gewährte und auch Verantwortung übertrug, so hatte er z.B. den Aufbau einer Apachenpolizei organisiert. Dies war umso bedeutungsvoller, als die Langeweile einer der größten Missstände auf der Reservation war. Die Männer hatten ihre Rolle als Jäger und Krieger verloren und den Frauen war sogar das Sammeln von Wildpflanzen in den Bergen untersagt. An Ackerbau und Viehzucht war in der lebensfeindlichen Natur des Territoriums nicht zu denken. Von der Armee erhielten sie regelmäßige Lebensmittelrationen. Die Männer verbrachten ihre Zeit mit Spielen und dem Erzählen von Geschichten aus besseren Zeiten. Um noch Spuren ihres früheren Lebens zu erhalten, schlossen sich nicht wenige als Scouts der amerikanischen Armee an und gerieten damit in den tragischen Konflikt, den Kampf gegen die eigenen Stammesbrüder zu unterstützen.

Später wurde die Konzentration der einzelnen Stämme wieder rückgängig gemacht. Den Yavapai und den White Mountain wurde die Rückkehr in ihre Heimat erlaubt. Die friedlich auf der Reservation lebenden Chiricahua wurden gemeinsam mit den Rebellen in die 27 Jahre andauernde Kriegsgefangenschaft nach Florida verbannt.

Nachdem San Carlos und Fort Apache über 23 Jahre hinweg eine verwaltungstechnische Einheit gebildet hatten, beschloss der Kongress 1897 die Schaffung zweier, voneinander unabhängiger Reservationen. So entstand im Norden das noch heute existierende Fort Apache mit den White Mountain und südlich daran angrenzend die San-Carlos-Reservation für den namensgleichen Apachenstamm.

Abb. 17: Apachen der San-Carlos-Reservation warten am Ausgabetag auf ihre Lebensmittelrationen.

Zwischenspiel in der Heimat und erneute Flucht

Anfang November 1877 wird tatsächlich der Großteil von ihnen von Wingate nach Warm Springs gebracht. General John Pope entscheidet, dass sie dort zunächst bleiben können. Im übrigen wären die White Mountain über eine Rückkehr der Chihenne nach San Carlos auch nicht gerade erfreut gewesen.

Die meisten Verantwortlichen sehen jedoch in der Region von Warm Springs keine Dauerlösung. Einige bestehen auf eine Rückkehr nach San Carlos, andere schlagen eine Überführung in das Indianer-Territorium nach Oklahoma vor. Die Debatte zieht sich über Monate hin und offenbart die Kluft zwischen Armee und Indianerbehörde.

Bis zum Sommer 1878 warten die Chihenne auf eine Entscheidung. Während dieser Zeit bemühen sie sich, keinen Ärger zu verursachen und keinen Anlass für eine erneute Verlegung zu geben. Doch auch diese Strategie sollte sich als wirkungslos erweisen. Am Ende einigen sich die verschiedenen Stellen im Oktober 1878 schließlich auf eine Rückführung nach San Carlos.
Als sich zwei Kompanien einfinden, um die Indianer in die verhasste Reservation zurückzubringen, ist Victorio außer sich. Unmissverständlich teilte er dem Hauptmann mit, dass seine Männer niemals dorthin zurückkehren würden. Und ohne dass ihn jemand hätte aufhalten können, flieht er mit etwa 90 Personen in die Berge. Die Armee setzt ihnen nach, verliert aber ihre Spur und muss die Verfolgung aufgeben.
So können die Soldaten fast nur Frauen, Kinder und Alte zurück nach San Carlos bringen. Kurz zuvor waren diese erst von dort nach Warm Springs gebracht worden, weil die unter der Trennung von ihren Verwandten leidenden Männer immer wieder darum gebeten hatten. Nun führt man sie also wieder zurück. Ihnen schließen sich etwa 20 Krieger an, darunter auch Victorios Mitstreiter Loco, der zwar gegen die ungerechte Entscheidung protestiert, doch aus Angst, seine Kinder könnten bei einer Flucht getötet werden, sich zur Rückkehr entschließt. Am 25. November erreichen die 172 Chihenne San Carlos.
Der Winter 1878/79 ist in New Mexico hart und streng, vor allem in der in den Bergen gelegenen Zuflucht der Chihenne. Victorio beschließt daher im Februar 1879, sich erneut in Warm Springs für die Sache seines Volkes einzusetzen. Vielleicht, so hofft er, würden sich die bereits gefassten Entschlüsse doch noch ändern lassen.

Und tatsächlich hebt Innenminister Schurz im März 1879 den Beschluss zur Rückverlegung der Chihenne nach San Carlos auf. Stattdessen sollen sie nun in der Mescalero-Reservation bei Fort Stanton angesiedelt werden, obwohl sich der neue Agent dieser Reservation, Samuel Russel, wenig angetan zeigt, denn er befürchtet Ärger und Probleme für seine Agentur.
Im April teilt Leutnant Merritt Victorio die neuen Pläne mit. Überraschenderweise ruft der darauf: „Ich würde eher sterben!" und flieht erneut mit seinen Kriegern unverzüglich in die Berge. Diese heftige Reaktion wird schon damals auf ein Missverständnis zurückgeführt, denn tatsächlich war die Regierung ja seinen Wünschen entgegengekommen. Möglicherweise hat Victorio den Sinn der Worte nicht verstanden. Nana wiederum hatte sich bereits vorher mit einigen Leuten von Victorio getrennt und befand sich schon auf der Mescalero-Reservation.

Auf der Mescalero-Reservation

Den ganzen Frühling über bleibt Victorio mit seinen Getreuen verschwunden. Vergeblich versucht er einmal, Frauen und Kinder seiner Gruppe aus San Carlos zu entführen. Ende Juni taucht er schließlich mit 28 Kriegern in Tularosa auf. Dort akzeptiert er nun die Forderung, auf die Mescalero-Reservation zu gehen.
Agent Russel verspricht ihm eine gute Behandlung, wenn er sich entschließen würde, zu bleiben. Victorio äußert ihm gegenüber freimütig, dass er sich nach Ruhe und Frieden sehne und sichert ihm zu, allen seinen Wünschen zu gehorchen, wenn er nur nicht wieder nach

San Carlos geschickt würde. Und, da er immer wieder eindringlich darum bittet, sichert man ihm schließlich auch zu, dass die in San Carlos lebenden Frauen und Kinder zu ihnen gebracht würden.
Doch Victorio sollte von der Vergangenheit eingeholt werden. Bereits im Juli war in Silver City, New Mexico, wegen Mordes und Pferdediebstahls eine Klage gegen ihn eingereicht worden. Obwohl darauf nichts folgte, war Victorio seitdem äußerst wachsam und misstrauisch. Wie viele andere seiner Gruppe befürchtete er, festgenommen zu werden. Als nun eines Tages ein Richter mit Begleitung durch die Reservation ritt, geraten die Chihenne in Panik. Fälschlicherweise glauben sie, der Besuch gelte ihnen, doch die Reiter befanden sich anscheinend nur auf der Jagd. So führte erneut ein Missverständnis zu einem Ausbruch, allerdings sollte es Victorios letzter sein.
Am 21. August 1879 telegrafiert Russel der Indianerbehörde in Washington, dass alle Chihenne die Reservation verlassen hätten. Ihm sind die Beweggründe der Flucht zunächst rätselhaft. Er zeigt sich über den Ausbruch sogar regelrecht enttäuscht, denn die Indianer hatten sich scheinbar gut eingelebt. Ihre Familien befinden sich zu diesem Zeitpunkt bereits auf dem Weg von San Carlos zur Mescalero-Reservation. Und es gab Überlegungen, die Chihenne doch dauerhaft auf ihrem alten Stammland bei Ojo Caliente anzusiedeln, so wie Victorio es immer wieder gefordert hatte.

Aus Flucht wird Krieg

Für Victorio kommen diese Nachrichten zu spät. Mit der letzten Flucht endet seine Kooperationsbereitschaft mit den Amerikanern. Er, der sich oft als anpassungsbereit und friedfertig erwiesen hatte, verliert nun endgültig jede Hoffnung auf Heimat und ein friedliches Leben. Mit der Verzweiflung eines Menschen, der nichts mehr zu verlieren hat, hinterlässt er eine Spur von Gewalt. Zunächst wird Victorio von etwa 60 Kriegern begleitet, doch nach und nach schließen sich weitere Männer an, sowohl Chihenne als auch Chokonen, vor allem aber Mescalero.
Am 4. September überfallen sie, unterstützt vom Nedhni-Führer Juh mit seinen Kriegern, eine Einheit der 9. Kavallerie bei Warm Springs. Sie töten acht Männer und entkommen mit 68 Pferden und Maultieren. Einige Tage später erscheint Victorio mit seinen Männern bei einer Ranch nördlich von Hillsboro westlich des Rio Grande. Sie verlangen Waffen und Munition. Als sie diese nicht bekommen, zerstören sie aus Wut die Einrichtung. Der Rancher Gregorio Chavez und seine Familie überleben diesen Überfall vermutlich nur aufgrund einer früheren Freundschaft mit Victorio. Trotzdem nehmen die Apachen Pferde, Kühe und Lämmer mit. Am nächsten Tag kommt es südlich von Hillsboro zu einem weiteren Zusammenstoß. Dort überfallen sie die McEver Ranch, töten sechs oder sieben Männer und stehlen die meisten Pferde. Major Morrow, der Befehlshaber von Fort Bayard, lässt die Apachen mit jedem verfügbaren Mann verfolgen, aber da sie sich, wie so oft, nach ihren Übergriffen in kleine Gruppen aufteilen und verschiedene Richtungen einschlagen, wird die Suche schließlich aufgegeben.

Während des Winters und im Frühling von 1880 hält sich Victorio mit seiner Gruppe und weiteren 100 Abtrünnigen in den Bergen unweit der Mescalero-Reservation verborgen. Von seinem Versteck aus ist er in ständigem Kontakt mit Freunden und Anhängern auf der Reservation. Die bewundern seine Unabhängigkeit und kämpferischen Erfolge, so fällt es ihm nicht schwer, dort immer weitere neue Krieger zu rekrutieren.
Am 12. April versucht die Armee, dieses Treiben zu beenden. Sie umstellt die Agentur, nimmt den Indianern ihre Pferde weg und entwaffnet sie. Doch zu diesem Zeitpunkt haben sich bereits etwa 200 Krieger abgesetzt, um gemeinsam mit Victorio zu kämpfen, unter ihnen auch der Mescalero-Führer Caballero mit etwa 35 Familien.
Victorios Überfälle nehmen kein Ende und verbreiten in Arizona, New Mexico und auch Chihuahua Angst und Schrecken. Selbst mit mehreren tausend Soldaten und mehreren hundert Indianerscouts gelingt es den USA und Mexiko nicht, den Terror zu beenden.
Im Mai 1880 konnten 60 Scouts der Westlichen Apachen unter der Führung von Henry Parker Victorio die erste empfindliche Niederlage zufügen. Parker lässt Victorios Gruppe umzingeln und nimmt sie von drei Positionen aus unter Beschuss. 30–50 von Victorios Kriegern sterben, Parker hingegen verliert keinen einzigen Mann.
Da sich das Blatt zu wenden scheint, entscheidet sich Caballero Mitte des Jahres mit seinen Mescalero auf die Reservation zurückzukehren. Doch er gerät darüber mit Victorio in einen Streit, der schließlich so eskaliert, dass der Chihenne seinen einstigen Waffenbruder kurzerhand erschießt. Die anderen umkehrwilligen Krieger sind abgeschreckt und bleiben bei Victorio.

Die Überfälle und Gefechte haben inzwischen zahlreiche Opfer gefordert. Man schätzt, dass etwa 200 Siedler und Soldaten in New Mexico ihnen zum Opfer fielen und eine ebenso hohe Anzahl in Mexiko. Victorio, selbst verwundet, hatte etwa 100 seiner Krieger verloren, darunter auch seinen Sohn Washington.

Der letzte Kampf

Im Oktober 1880 trifft der mexikanische General Joaquin Terrazas mit einer großen Einheit bei Tres Castillos im Bundesstaat Chihuahua auf Victorio. Dessen Krieger geraten in einen engen Canyon, wo sie den mexikanischen Soldaten nicht entkommen können. Der Kampf beginnt am Abend, dauert die ganze Nacht hindurch, bis den Apachen schließlich am Morgen die Munition ausgeht. In dieser ausweglosen Lage kämpfen sie verzweifelt weiter, bis Victorio tot zu Boden geht. In seiner offiziellen Version des Hergangs erwähnt Terrazas zwar nicht, wer den Chihenne-Häuptling tötet, doch wird später der Tarahumari-Scout Mauricio Corredor dafür geehrt. Die Chiricahua behaupten allerdings, er habe sich selbst das Leben genommen, als er eingesehen habe, der Kampf ist aussichtslos.
Nach Terrazas Angaben töten die Mexikaner bei dieser Schlacht insgesamt 78 Apachen, unter ihnen 62 Krieger, die übrigen sind Frauen und Kinder. Um das Kopfgeld zu erhalten, werden sie alle skalpiert. 68 Indianer werden gefangen genommen, von denen 48 zu den Chiricahua gehören, die anderen sind Mescalero. Von den 145 Chihenne, die im August 1879 mit Victorio von der Mesca-

lero-Reservation geflohen waren, überleben 60 bis 70. Einige konnten während des Kampfes fliehen, andere waren nicht dabei, da sie sich auf der Suche nach Proviant und Waffen befanden.

Anders als Cochise war Victorio kein friedlicher Tod auf der Reservation vergönnt. Bei all seinem Freiheitswillen hatte er mehrmals gezeigt, dass er durchaus dazu bereit war, mit seinen Chihenne auf einer Reservation zu leben. Doch war er nicht unter allen Umständen dazu bereit. Schlechte Lebensbedingungen und eine ungerechte Behandlung seines Volkes konnte er nicht akzeptieren.
Victorio besaß sowohl Kompromissbereitschaft, als auch Entschlossenheit zum Kampf. In seinen letzten zehn Lebensjahren, in denen die Welt der Chihenne sich im Umbruch befand, machten ihn die negativen Erfahrungen mit den Amerikanern sehr misstrauisch. Schließlich trieb ihn das zu dem impulsiven Handeln, dass ihn immer tiefer in eine Abwärtsspirale zog.

Victorios Schwester Lozen: Eine Kriegerin?

Immer wieder hört man, dass Victorios Schwester Lozen eine aktive Rolle bei seinen Kriegszügen einnahm und auch mit gekämpft haben soll. Als eine der wenigen Frauen überhaupt habe sie am Kriegsrat teilgenommen und Victorio soll großen Wert auf den Rat seiner Schwester gelegt haben. Auch ihre übernatürlichen und hellseherischen Fähigkeiten als Schamanin werden gerühmt. Allerdings gibt es für ihre Rolle als Kriegerin nur eine einzige Quelle: die Erinnerungen des Apachen

Kaywaykla, die von Eve Ball aufgezeichnet wurden. Als Victorio getötet wurde, war Kaywaykla ein Kleinkind. Alle späteren Autoren, die von Lozens Heldentaten berichten, stützen sich auf seine Erinnerungen.
Für den Historiker Edwin Sweeney beruht die Geschichte von Lozen zu wenig auf Fakten. Der Ethnologe Morris Opler führte zahlreiche Gespräche mit Chiricahua und sichtete auch alle zur Verfügung stehenden Dokumente. Zwar fand er Belege über kämpfende Frauen, aber seiner Ansicht nach kann es sich dabei nicht um Victorios Schwester gehandelt haben. Auch er kommt zu dem Schluss, dass an der Kriegerrolle Lozens nichts dran sein kann. Sie könne auch nicht, wie es zuweilen heißt, nach Victorios Tod gemeinsam mit Geronimo gekämpft haben. Sicher und auch aktenkundig ist hingegen, dass Lozen zu den gefangenen Chiricahua in Mount Vernon, Alabama, gehörte und dort am 17. Juni 1889 verstarb.

Das Nachspiel: Nanas Überfallserie im Sommer 1881

Die Bürger im Südwesten atmeten auf und glaubten, mit Victorios Tod hätten Unsicherheit und Gewalt ein Ende. Neben einigen anderen Anführern hatte auch der etwa 70jährige Nana den Kampf von Tres Castillos überlebt, weil er zum Zeitpunkt des Angriffs nicht bei der Hauptgruppe war. Trotz seines hohen Alters war Nana einer der wichtigsten Mitstreiter Victorios gewesen. Auch nach dessen Tod bleibt er seiner kriegerischen Haltung treu. Er sammelt etwa 15 bis 20 versprengte Krieger, darunter einige Mescalero und zwei Navajo.

Im Sommer 1881 zieht er gemeinsam mit einer kleinen Kriegerschar für sechs bis acht Wochen wie ein Sturm über New Mexico hinweg. In diesen knapp zwei Monaten legt er mit seinen Kriegern etwa 2000 Meilen zurück, bestreitet sieben Gefechte mit der Kavallerie und überfällt mindestens ein Dutzend Ranches und Dörfer. Bei diesen Überfällen sterben 30 – 50 Weiße, mindestens acht Mexikaner werden entführt und mehrere hundert Stück Vieh geraubt. Sie töten Hirten, Minenarbeiter und alle, die ihnen in den Weg kommen. Am 23. August überquert Nana mit seinen Männern die mexikanische Grenze, womit der Spuk beendet ist.

Verschiedentlich wurde dieser Beutezug Nanas als ein Rachefeldzug für den getöteten Victorio gedeutet. Doch bleibt das ungewiss, denn immerhin setzen seine Überfälle erst rund acht Monate nach Victorios Tod ein. Aber vor allem findet seine Gewaltserie nicht dort statt, wo Victorio von mexikanischen Truppen getötet wurde, sondern im amerikanischen New Mexico.

Nana begibt sich nach diesen kriegerischen Eskapaden aber noch lange nicht in den Ruhestand. Mit Geronimo, der sich während der Schlacht von Tres Castillos auf der San-Carlos-Reservation befand, sollte er sich noch manchen Kampf mit den Weißen liefern. Da er seine Schwester Nah-dos-te geheiratet hatte, ist er mit ihm zudem verwandtschaftlich verbunden.

Abb. 18: Nana war einer der wichtigsten kämpferischen Mitstreiter Victorios. Nach dessen Tod schloss er sich Geronimo an und blieb noch bis ins hohe Alter ein ernst zu nehmender Gegner.

5. Kapitel
Geronimo: Ein Schamane auf dem Kriegspfad

Die Neuigkeit, die Fort Bowie am 5. September 1886 verbreitet, erfasst im Nu das ganze Land. Für alle großen Zeitungen ist es das Topthema: „Apachenkrieg zu Ende!“ und „Geronimo gefasst!“ lauten die Schlagzeilen. Seit Geronimo mit seiner Gruppe zum letzten Mal aus der Reservation geflohen war, hatten sich etwa 5000 Mann der Armee und mehrere hundert Apachenscouts über ein Jahr lang bemüht, ihn gefangen zu nehmen.
Für die Menschen in den Dörfern und Farmen des amerikanischen Südwestens hatte Geronimos Name Angst und Schrecken bedeutet. Auf der amerikanischen wie auf der mexikanischen Seite der Grenze war er gleichermaßen gefürchtet. Mit seiner Kapitulation hatten die Überfälle ein Ende, aber gleichzeitig war es auch das endgültige Aus des alten, freien Nomadenlebens der Apachen.

Geronimo wird vermutlich in den frühen 20er Jahren des 19. Jh. am oberen Gila River im bergigen Grenzgebiet von Arizona und New Mexico in der Nähe des heutigen Ortes Clifton geboren. In seiner Biografie gibt er zwar an, er sei im Juni 1829 geboren, doch da er hier verschiedene historische Ereignisse etwa acht Jahre später datiert, nimmt man an, auch sein Geburtsdatum sei entsprechend früher gewesen.
Er ist eins von acht Kindern und erhält den Namen Goyahkla („Einer, der gähnt“). Wie er später zu dem Namen Geronimo gekommen ist, weiß man nicht genau.

Die verschiedenen Geschichten, die es darüber gibt, sind von legendenhaftem Charakter. Eine behauptet, Goyahkla habe in einer Schlacht gegen die Mexikaner so besessen gekämpft, dass immer, wenn er auftauchte, die Mexikaner verzweifelt den heiligen Hieronymus angerufen hätten: „Geronimo!“ Andere meinen, sein Name gehe auf den Versuch der Mexikaner zurück, seinen Apachennamen Goyahkla auszusprechen.
Geronimos Vater, Taklishim war der Sohn des Bedonkohe Anführers Mahko, seine Mutter eine Apachin namens Juana. Während seiner ganzen Kindheit bei den Bedonkohe, die er am Oberlauf des Gila verbringt, bekommt Geronimo keinen einzigen Weißen zu Gesicht.

Ein traumatisches Erlebnis in Mexiko

Eine Konstante in Geronimos Leben sollte der Hass auf Mexiko werden. Am Anfang dieser Abneigung steht eine traumatische Erfahrung. Wie er selbst berichtet, hatte er sich – vermutlich 1850 – mit den Bedonkohe unter Mangas Coloradas Führung in Mexiko befunden, um dort Handel zu treiben. Sie lagerten in der Nähe einer von den Apachen Kas-ki-yeh genannten Stadt, die vermutlich mit dem heutigen Janos identisch ist. Als die Männer zum Markt der Stadt gingen, ließen sie ihre Frauen und Kinder mit einer kleinen Wache im Lager zurück. Obwohl sich die Apachen zu jener Zeit mit den Mexikanern nicht im Krieg befanden, überfielen Soldaten aus Sonora in ihrer Abwesenheit das Lager. Viele der zurückgelassenen Frauen und Kinder wie auch alle Wachen wurden getötet, andere in die Sklaverei entführt,

die Vorräte vernichtet und sämtliche Ponys und ein Großteil der Waffen mitgenommen. Als die Männer in das verwüstete Lager zurückkehren, muss Geronimo erkennen, dass seine Mutter, seine junge Frau und auch seine drei kleinen Kinder unter den Opfern sind.
Nach Geronimo fand dieser Vorfall im Sommer 1858 statt, doch sprechen mehrere Indizien dafür, dass er sich bereits 1850 ereignet hatte. So erwähnt Geronimo selbst, dass es während der Grenzkommission von John Russell Bartlett zu dem Ereignis gekommen sei, die jedoch von 1850 bis 1853 durchgeführt wurde. Zudem berichtete der mexikanische General Carrasco, er sei zu jener Zeit mit seinen Grenztruppen von Sonora aus in das benachbarte Chihuahua eingedrungen und habe dort eine Gruppe Apachen bei Janos angegriffen. Etwa 25 von ihnen will er getötet und ungefähr 50 bis 60 Frauen und Kinder entführt haben, um sie zu versklaven.
Mangas Coloradas erkennt, dass er mit den wenigen Kriegern nicht viel ausrichten kann und befiehlt zunächst den Rückzug auf das Gebiet der Vereinigten Staaten.

Erfolge und Misserfolge des jungen Kriegers

Geraume Zeit später beraten die Bedonkohe unter der Leitung von Mangas Coloradas und beschließen einen Rachefeldzug durchzuführen. Geronimo wird beauftragt, befreundete Stämme um Unterstützung zu bitten. Sowohl die Chokonen mit Cochise als auch die Nedhni mit ihrem Anführer Juh kann er für eine Beteiligung gewinnen.

Etwa ein Jahr nach dem Massaker überfallen die drei Stämme in Sonora den Ort Arispe mit seinem Militärposten. Es kommt zu äußerst erbittert geführten, blutigen Kämpfen, die die Apachen mit Pfeil und Bogen und mit ihren Speeren bestreiten. Die letzte sich über zwei Stunden hinziehende Schlacht wird von Geronimo angeführt. Viele der Apachen müssen ihr Leben lassen, dennoch gewinnen sie den Kampf, an dessen Ende das Schlachtfeld mit toten Mexikanern bedeckt ist, wie Geronimo berichtet. Nach dieser Schlacht, so eine Überlieferung, soll Goyaklah den Namen Geronimo von den Mexikanern erhalten haben.

Für die Apachen ist die Angelegenheit mit diesem Rachezug erledigt, nur Geronimo verlangt weitere Vergeltung. Noch einige Male gelingt es ihm, Krieger für erneute Schläge gegen die Mexikaner zu gewinnen. Aber mehr als einmal endeten sie im Fiasko. Einmal werden seine beiden Mitkämpfer getötet, ein anderes Mal werden die Gegner zwar besiegt, doch sind die eigenen Verluste derartig hoch, dass von einem ruhmreichen Sieg keine Rede sein kann. Nach diesen zweifelhaften Aktionen erheben sich in seinem Stamm Vorwürfe gegen Geronimo. Er ist sich seines Versagens bewusst und schweigt daher zu der Kritik. Es sind auch diese freimütigen Schilderungen seiner missglückten Kriegszüge, die seinen Erinnerungen Glaubwürdigkeit verleihen, auch wenn nicht jedes Detail zutreffen mag.

Immer wieder überfällt Geronimo mexikanische Bauern und Dörfer. Schließlich kann er dabei auch manchen Erfolg verbuchen, was in den Augen der Apachen vor allem bedeutet, mit geringen eigenen Verlusten möglichst reiche Beute zu gewinnen. Wenn er mit den anderen

Kriegern erfolgreich ins Lager zurückkehrte, wurde die Beute geteilt, ein großes Fest gefeiert und die ganze Nacht über getanzt.

Gefangen auf San Carlos

Bis 1876 hatte Geronimo auf der Chiricahua-Reservation im Südosten Arizonas gelebt und war nach deren Auflösung mit anderen Apachen nach Mexiko geflohen. Anfang 1877 wird bekannt, dass er sich mit seinen Leuten in der Nähe von Warm Springs bei Victorio und den Chihenne aufhielt. Da es dort seitdem mehrfach zu Zwischenfällen gekommen war, erhält John Clum wenig später den Auftrag, ihn und andere Flüchtige nach San Carlos zu bringen. Mit Rückendeckung seiner Vorgesetzten nutzt Clum die Gelegenheit auch sämtliche friedlichen Chihenne der Hot-Springs-Reservation nach San Carlos zu deportieren (siehe Kapitel 4). Zusätzlich zu seiner 102 Mann starken Indianerpolizei wird ihm Hilfe durch die 9. Kavallerie von General Hatch zugesagt.
Clum erfährt, dass sich knapp 600 Indianer auf der Reservation befinden, unter ihnen Geronimo mit 80 – 100 Gefolgsleuten. Als die Armee aber nicht zum erwarteten Zeitpunkt eingetroffen war, beschließt er, auf eigene Faust zu handeln. Seine Überrumpelungstaktik sollte aufgehen. Manchmal wird behauptet, er habe es sogar darauf angelegt, die Aktion ohne militärische Hilfe durchzuführen. Clum weist einige Helfer an, sich in einem Gebäude der Agentur zu verbergen und lädt Geronimo mit weiteren wichtigen Männern des Stammes zu einem Gespräch in die Agentur ein.

Unterstützt von etwa sechs Polizisten empfängt er die Indianer. Er verspricht, ihnen würde nichts passieren, wenn sie auf ihn hören würden. Als Geronimo sich jedoch über ihn lustig macht, ist ihm klar, dass jedes weitere Reden vergeblich sein würde. Auf sein Zeichen kommen die Indianerpolizisten aus ihrem Versteck. Sie halten Geronimo und die anderen Krieger mit ihren Waffen in Schach, jegliche Fluchtversuche werden sofort vereitelt.

Clum fordert Geronimo auf, sich ins Wachhaus zu begeben, doch dieser rührt sich nicht von der Stelle. Beeindruckt hielt Clum die Szene fest: „Er stand aufrecht wie eine Kiefer, während jeder Umriss seiner gleichmäßigen Gestalt auf Stärke und Ausdauer hinwies. Seine reichlichen, schwarzen Locken schmückten seine üppigen Schultern, seine strengen Züge, seine scharfen, durchdringenden Augen, und seine stolze und würdevolle Haltung, vereinigten sich in ihm zum Muster eines Kriegsführers der Apachen."

Geronimo wird gefangen genommen und mit den anderen Anführern in Eisenketten gelegt. Zusammen mit allen anderen Kriegern werden sie nach San Carlos gebracht, wo die etwa acht Anführer und weitere Krieger eingesperrt werden. Gern hätte Clum es gesehen, wenn Geronimo gehängt worden wäre, doch der Sheriff von Tucson erhob keine Anklage. Clums Nachfolger Henry L. Hart lässt die Gefangenen schließlich im August wieder frei.

Ausbruch, Kapitulation und erneute Flucht

Weil die Chiricahua auf San Carlos immer wieder Malariaopfer zu beklagen haben, erlaubt ihnen der neue Agent Hart, in die Berge zu gehen, wo sie Heilpflanzen sammeln und auch jagen können. Die neu gewonnene Freiheit ermöglicht es den Indianern allerdings auch, das für die Reservation geltende Verbot des alkoholischen Tiswin zu umgehen. So kommt es im Sommer 1878 zu einem Tiswin-Gelage, bei dem Geronimo einen Apachen beschimpft, der sich daraufhin das Leben nimmt. Nach diesem Ereignis verlässt Geronimo mit seinen drei Frauen und zwei Kindern die Reservation. Vermutlich im August zieht er Richtung Mexiko und schließt sich dort den Nedhni unter Juh an. Anscheinend wollte er mit seinem Ausbruch einer erneuten Festnahme entgehen.

Erst im Dezember 1879 gelingt es Hauptmann Haskell nach vielen vergeblichen Versuchen Kontakt zu Juhs Gruppe und auch zu Geronimo aufzunehmen. Möglicherweise sprechen sie sich wegen des nahenden Winters nahezu einhellig dafür aus, zu kapitulieren. Allerdings hatte Geronimo in der hitzigen Diskussion einen Anführer, der anderer Meinung war, kurzerhand niedergeschossen.

Haskell versichert den Indianern, dass sie nicht für frühere Taten zur Rechenschaft gezogen würden und auf San Carlos in Frieden leben könnten. Am 30. Dezember kommt es zu einem weiteren, größeren Gespräch in Fort Bowie, an dem auch der von den Indianern freudig begrüßte Tom Jeffords teilnimmt. Es bleibt bei den bereits geäußerten Absichten. Am 7. Januar 1880 erreicht Haskell mit Geronimo und Juhs 103 Personen umfassender

Gruppe San Carlos, wo sie wiederum ein neuer Agent, Adna Chaffee, in Empfang nimmt.
Im Jahr darauf treten Ereignisse ein, die für Unruhe in der Reservation sorgen. Nock-ay-det-klinne, ein Medizinmann der zu den Westlichen Apachen gehörenden Cibecue, ruft 1881 eine neue Bewegung ins Leben: Er lässt mit seinen Anhängern rituelle Tänze abhalten, um die Geister verstorbener Indianer, vor allem prominenter gefallener Anführer wie Diablo oder Es-ki-ole, aufzurufen. Mit übernatürlichen Kräften sollen sie aus dem Geisterreich zurückkehren und die Apachen zum Sieg über die Amerikaner führen. Immer mehr enttäuschte und verzweifelte Indianer werden von dieser Bewegung angezogen. Bald herrscht ein explosives Klima in der Reservation und die Versuche des Agenten Joseph Tiffany, die Tänze zu unterbinden, bleiben wirkungslos.

Die Stimmung heizt sich weiter auf und erfasst auch die White Mountain im Norden der Reservation. Im August kommt es schließlich zu einem Aufstand, in dessen Verlauf Nock-ay-det-klinne von der Armee erschossen wird. Im September 1881 werden die anwesenden Truppen in der Reservation verstärkt, was wiederum die Befürchtungen der Indianer verstärkt, doch noch für vergangene Vergehen belangt zu werden. Diese Ängste sollten unbegründet sein, doch will man die Teilnehmer des Aufstands sicherstellen. Einer von ihnen, Chief George, der sich zunächst ergeben hatte, ergreift spontan die Flucht, worauf die Armee etwa 30 Personen aus seinem Dorf festnimmt. Chief George flieht gemeinsam mit Bonito zu den Lagern der Chiricahua und verbreitet folgenschwere Gerüchte: Er behauptet, die Armee habe vor, ihre Frauen und Kinder zu töten, des weiteren sei geplant, die Chiricahua-Anführer festzunehmen und an einen entlegenen Ort zu deportieren.

Diese Nachrichten verstärken nochmals die allgemeine Erregung und Sorge der Chiricahua. Man erinnert sich des Mordes an Mangas Coloradas und des Verrats an Cochise während der Bascom-Affäre. Die Panik und Entschlossenheit zur Flucht lässt sich nun nicht mehr eindämmen: Am 30. September 1881 kommt es zu einem Massenausbruch aus der San-Carlos-Reservation, an dem sich 375 Chiricahua aus den Gruppen der Chokonen, Bedonkohe und Nedhni beteiligen. Unter ihnen befinden sich die Anführer Geronimo und Juh sowie Cochises Sohn Naiche.

Abb. 19: Geronimo und Naiche zu Pferde. Geronimos Sohn Perico links neben seinem Vater mit einem Baby auf dem Arm, im März 1886.

General Crooks Feldzug in der Sierra Madre

Über ein Jahr später, Ende 1882, wird General George Crook beauftragt, die flüchtigen Apachen zu finden und zurück nach San Carlos zu bringen. Nach Überfällen in Arizona ziehen sich Geronimo und Juh 1883 in die mexikanische Sierra Madre zurück. Crook überschreitet mit seinen Truppen die Grenze und folgt ihnen. Im Mai gelingt es ihm, mit Hilfe von Apachenscouts die Rebellen aufzuspüren. Er greift ein Basislager an und kann viele Frauen und Kinder gefangen nehmen, doch zahlreiche Krieger, vor allem die Anführer, können fliehen.

Geronimo befindet sich zur Zeit des Angriffs nicht dort. Er hält sich mit 40 Kriegern etwa 190 km entfernt in einem provisorischen Lager auf. Dort demonstriert er während des Essens unvermittelt seine hellseherischen Fähigkeiten: Er lässt plötzlich seine Gabel fallen und ruft: „Unsere Leute, die wir im Basislager gelassen haben, sind in der Hand von US-Truppen!" Der anwesende Jason Betzinez, ein Cousin Geronimos, berichtet später, wie alle um ihn herum erschraken. Weder über Rauchzeichen noch auf andere Weise sei Geronimo informiert worden, dennoch hatte er Recht.

In Crooks Lager finden sich schließlich mehrere Anführer ein. Als letzter erscheint Geronimo mit seinen Kriegern, von denen Hauptmann Bourke in seinem Tagebuch festhält, dass sie den Eindruck einer „Piratenbande" machten. Geronimo will den General sprechen, Crook empfängt ihn kühl. Geronimo verteidigt die Haltung der Apachen, er klagt, dass sie von den Weißen missbraucht und auch von den Mexikanern stets verraten worden seien. Aber wenn der General ihm erlauben

würde, nach San Carlos zurückzukehren und ihm eine gerechte Behandlung zusage, würde er gern für sein eigenes Leben sorgen und dem Pfad des Friedens folgen. Sollte ihm diese Möglichkeit verwehrt werden, würden er und seine Männer bis zum Ende weiter kämpfen.
Crook, der weiß, dass Geronimo eine Schlüsselrolle für den Friedensprozess einnimmt, entgegnet wenig. Würde Geronimo sich ergeben, wäre das für die übrigen Rebellen ein wichtiges Signal. So teilt er ihm mit, es liege allein bei ihm, ob er sich für Krieg oder Frieden entscheide. Am Abend des 21. Mai erklärt Geronimo wieder nach San Carlos zurückkehren zu wollen. Allerdings, schränkt er ein, müsse er vorher noch gemeinsam mit Naiche die Frauen und Kinder der Gruppe zusammenführen, die weit verstreut in der Umgebung leben würden. Crook, der mit seinen Soldaten in die USA zurückkehren und nicht länger warten wollte, verlässt sich auf Geronimos Versprechen, sich „nach Ablauf von zwei Monden" in der Reservation zu melden.
Die Anführer Chihuahua, Chatto und Kaetenae schließen sich Geronimos Haltung an. Die älteren Häuptlinge Nana und Loco sowie die angesehenen Krieger Mangas, ein Sohn von Mangas Coloradas, und Bonito entschließen sich dagegen zu einer sofortigen Rückkehr nach San Carlos. Gemeinsam mit etwa 300 Chiricahua lassen sie sich von Crooks Einheit zur Grenze geleiten, wo sie von Hauptmann Crawford mit vier Kompanien Kavallerie in Empfang genommen werden. Loco und seine Familie führten eine lange Reihe von Indianern an, die von fast 200 Indianerscouts eskortiert wurde. Am 23. Juni treffen sie in San Carlos ein. Die meisten Indianer der Reservation sehen ihrer Ankunft allerdings mit gemischten Ge-

fühlen entgegen, denn die rebellischen Chiricahua werden von vielen gehasst oder gefürchtet.

Abb. 20: General Crook hatte Geronimo jahrelang hartnäckig verfolgt. Nach der missglückten Kapitulation vom März 1886 fühlte er sich von seinem Vorgesetzten zu Unrecht kritisiert und gab sein Kommando ab.

Exkurs: Heilung und Schamanismus

Geronimo war vor allem ein Kriegsschamane. Diese unterstützten die Vorbereitung und Durchführung eines Kriegszuges mit ihrem spirituellen Beistand. Zudem sagte man ihm besondere übernatürliche Gaben nach. So soll er in der Lage gewesen sein, das Licht der Sonne aufzuhalten, um sich mit seinen Verbündeten länger vor den Feinden zu verbergen. Außerdem soll er die Fähigkeit besessen haben, zeitgleich verlaufende Ereignisse an einem völlig anderen Ort, zu erkennen. Sein Cousin Jason Betzinez hatte das erstaunt beobachtet. Allerdings konnte Geronimo auch ganz traditionelle schamanische Krankenheilungen vornehmen, wie er es während der Kriegsgefangenschaft in Fort Sill demonstriert hat.

Die Apachen kannten zwei grundverschiedene Heilungssysteme. Bei kleineren Leiden, leichteren Verletzungen oder Bauchschmerzen, griff man auf einen reichen Fundus an Kräutermedizin zurück. Allerdings glaubte man, dass viele Krankheiten übernatürlichen Ursprungs seien und deshalb nur von einem Spezialisten, einem schamanischem Heiler (di-yin), behandelt werden konnten.

Diese Sicht auf Krankheit bzw. ihre Diagnose reichte tief in die spirituellen Welt der Apachen hinein. Sie nahmen an, zahlreiche Erscheinungen und Tiere würden ganz konkrete Symptome auf den Menschen übertragen. So galt z.B. die Begegnung mit einem Bären oder aber mit Eulen als äußerst unheilvoll, denn man sah in ihnen eine Erscheinungsform von Verstorbenen. Überhaupt glaubte man, die Geister der Verstorbenen besäßen die Macht, Unglück, Leid, Krankheit und sogar den Tod über die Menschen zu bringen. Lag der Verdacht auf eine derart ernste Diagnose vor, dann musste ein Schamane zu Rate gezogen werden. Aber nicht jeder Schamane konnte jedes Symptom behandeln, denn jedes einzelne Krankheitsbild erforderte einen schamanischen Experten, der die erforderlichen Zeremonien beherrschte.

Das spirituelle Fundament der Apachen ist der Glaube an eine umfassende übernatürliche Kraft, die alle Lebensbereiche wie Pflanzen, Tiere, aber auch Steine und Landschaften beseelt. Sie kann als Lebenskraft des ganzen Universums verstanden werden. Diese Auffassung ähnelt am ehesten dem Mana-Begriff aus dem melanesischen Kulturraum. Für die Apachen wirkte diese Kraft bis in den Alltag hinein und Geronimo war davon überzeugt, sie würde ihn davor schützen, durch Waffengewalt umzukommen.

Ein Schamane konnte nur erfolgreich heilen, wenn er bei seiner Berufung zum Schamanen, mit dieser Kraft in Kontakt gekommen war und von ihr zum Heiler autorisiert wurde. Sie war die Voraussetzung für seine Arbeit, nur mit ihrer Hilfe konnte er heilen. All seine komplexen Rituale, Lieder und Gebete hatte er mittels dieser Kraft erhalten – sei es in einer Vision oder im Traum. Allerdings konnte auch ein älterer, erfahrener Schamane sie weiter geben.

Zwar glich keine Heilungszeremonie völlig der anderen, doch bestimmte Muster wiederholten sich. So dauerten die Rituale, die entweder nachts oder am Tage durchgeführt wurden, in der Regel vier Tage. Zu Beginn überreichte der Patient dem Heiler ein Geschenk, z.B. Feuersteinklingen, Pollen, Adlerfedern oder auch Hirschleder. Pollen, vorzugsweise aus Rohrkolben oder Mais, waren den Apachen heilig und kamen als Symbol des Lebens und der Erneuerung bei den meisten Zeremonien zum Einsatz, wo sie für eine friedliche Atmosphäre sorgen sollten.

Eine Heilung war auch stets ein soziales Ereignis, an dem Verwandte und gute Freunde des Kranken anwesend waren. Mitunter integrierte der Schamane einige von ihnen in das Heilverfahren. Bei großen Zeremonien waren jedoch zusätzliche rituelle Assistenten, die Ganh-Tänzer, erforderlich. Mit ihnen versuchte der Schamane sich die Unterstützung der mächtigen Berggeister oder Ganhs zu sichern, die für die Apachen den Kontakt zu den höheren spirituellen Mächten herstellten.

Die Monate vergingen, doch Geronimo und seine Gefolgsleute ließen sich nicht blicken. Schließlich schickt Crook Leutnant Britton Davis zur mexikanischen Grenze, um Geronimo dort in Empfang zu nehmen. Doch der wartet vergeblich auf ihn. Im Dezember erscheinen einige Chiricahua-Krieger mit ihren Frauen und Kindern in San Carlos, am 7. Februar 1884 taucht Chatto mit 19 weiteren Apachen dort auf.
Bei erneuten Nachforschungen erfährt Davis von einem Yavapai-Medizinmann, dass Geronimo sich nur wenige Tage entfernt aufhalte. Kurz Zeit darauf kann er ihn tatsächlich ausfindig machen. Natürlich ist Geronimo nicht darüber erfreut, mit einer Eskorte nach San Carlos gebracht zu werden. Davis erklärt ihm, dass dies auch zu seinem Schutz geschehe, was auch nicht ganz falsch ist, denn wegen der zahlreichen Raubzüge ist die Bevölkerung ziemlich aufgebracht.
Die Indianer führen eine große Herde von Pferden und Maultieren sowie etwa 135 gestohlene Rinder mit sich. Davis lässt die Tiere antreiben, worüber sich Geronimo beklagt. Aber der Leutnant will die Strecke nach San Carlos so schnell wie möglich zurücklegen, auch weil seine Tonto-Scouts zu den Chiricahua ein gespanntes Verhältnis hatten. Zu Geronimos Ärger wird ihm in San Carlos das in Mexiko gestohlene Vieh abgenommen. Pferde und Maultiere darf die Gruppe behalten, die Rinder aber werden öffentlich versteigert und der Erlös an die mexikanische Regierung weitergeleitet, welche es den ursprünglichen Eigentümern übergeben soll.
Geronimo hatte sich Land am Unterlauf des Eagle Creek gewünscht, dass aber den Indianern mittlerweile nicht mehr zur Verfügung stand. Aber Crook sagt ihnen

jedes andere Gelände auf der weitläufigen Reservation zu. Geronimo entscheidet sich mit seiner Gruppe schließlich für ein Gebiet um den Turkey Creek, etwa 17 Meilen südöstlich von Fort Apache im Norden der Reservation. Ende Mai bricht Davis mit ihnen dorthin auf, hoffend, dass dieser Umzug ihr letzter sein würde. Er selbst bleibt bei ihnen, unterstützt von einem Helfer und einem Übersetzer.

In der Folgezeit freundet sich Davis mit einigen Anführern der Apachen an, doch sein Verhältnis zu Geronimo bleibt distanziert. Nachdem er ihn mehrere Monate aus der Nähe erlebt hat, fällt sein Urteil äußerst negativ aus. Er beschreibt ihn als einen „… vollkommen boshaften, widerspenstigen und heimtückischen Mann. Seine einzigen ausgleichenden Eigenschaften waren Mut und Entschlossenheit. Sein Wort war wertlos, egal wie ernst sein Versprechen war. Seine Geschichte war eine Reihe von gebrochenen Versprechen und dem Anstiften von Ausbrüchen."

Bis zum Frühjahr 1885 bleibt es um Geronimo und den früheren Chiricahua-Rebellen ruhig, aber sie stehen unter besonderer Beobachtung. Besonders Chihuahua, Mangas und Geronimo gelten als unzufrieden und unkooperativ. Ereignisse im Mai bringen die Stimmung zum Kochen und leiten eine neue Phase der Gewalt ein.

Geronimos letzter Ausbruch

Mitte Mai 1885 findet auf der Reservation trotz des Verbotes ein Tiswin-Umtrunk unter Beteiligung von 80 - 90 Chiricahua statt. Wie es scheint, wollten sie damit bewusst ein Zeichen gegen die Bevormundung des Militärs setzen. Am nächsten Morgen wird der nichtsahnende Davis vor seinem Zelt von gut 30 bewaffneten, teilweise noch betrunkenen Chiricahua-Anführern und Kriegern überrascht, unter ihnen Geronimo und Chihuahua, die ihn sprechen wollen.

Nachdem Loco zunächst mit diplomatischen Worten beginnt, unterbricht ihn Chihuahua wütend. Er bekennt freimütig, dass sie in der letzten Nacht alle gegen das Tiswin-Verbot verstoßen hätten und fragt, was Davis nun zu tun gedenke. Die Regierung habe nicht das Recht, ihnen vorzuschreiben, was sie trinken dürften und auch nicht, wie sie ihre Frauen zu behandeln hätten. Erregt fordert die Menge von Davis, das ungerechte Gesetz aufzuheben. Schließlich dürften die Weißen auf der Reservation auch alkoholische Getränke wie Wein oder Whisky zu sich nehmen.

Davis erklärt ihnen die Gründe für das Verbot: Der Konsum ihres beliebten Getränkes gerate auf der Reservation regelmäßig außer Kontrolle und führe zu Streit und Gewaltausbrüchen. Er erinnert an einen erst wenige Monate zurückliegenden Vorfall, wo bei einer Feier mit Tiswin ein Apache auf seine Frau eingestochen und sie beinahe umgebracht hatte. Doch es gelingt ihm nicht, die Indianer zu beruhigen. Der alte Nana erhebt sich: Davis solle sich um seine eigenen Sachen kümmern. „Er kann mich nicht belehren, wie ich Frauen behandeln soll. Er ist nur ein Junge. Ich habe Männer getötet, da war er noch nicht geboren." Mit diesen Worten stürmt er aufgebracht aus dem Zelt.

Davis spürt den Ernst der Lage und beschließt, General Crook ein Telegramm über die Vorkommnisse zu schicken. Den wütenden Indianern teilt er mit, dass er weitere Instruktionen abwartet. Doch der mit dem Telegramm beauftragte Hauptmann Pierce lässt sich von Chefscout Al Sieber beruhigen, der ihm versichert, Davis werde die Situation schon meistern. Die Mitteilung wird nie abgeschickt und während Davis vergeblich auf Crooks Reaktion wartet, erfährt der erst Monate später von diesem Konflikt.

Auch die Apachen warten und fürchten dabei immer mehr, sie könnten für den Vorfall bestraft werden. Crook würde die Anführer des Gelages sicher verhaften lassen und Davis ermächtigen, sie bei Widerstand zu töten. In dieser Situation fassen Geronimo und Mangas den Plan zur Flucht und versuchen, andere Anführer, vor allem Chihuahua und Naiche, für einen Ausbruch zu gewinnen, was ihnen auch gelingt.

Einige Tage nach dem Konflikt sickern die Fluchtpläne durch. Davis kehrt vorzeitig von einem in Fort Apache abgehaltenen Baseball-Turnier ins Lager zurück. Nur weil er verstärkt Wachen hatte aufstellen lassen, konnten drei von Geronimo angestiftete Apachenscouts ihr Vorhaben, ihn und den loyalen Scout Chatto, zu töten, nicht durchführen.

Obwohl Davis die Reservation in Alarmbereitschaft versetzt, kann er den Ausbruch der Chiricahua nicht verhindern: Insgesamt 34 Männer und 8 Jungen im kampffähigen Alter sowie 92 Frauen und Kinder verlassen die Reservation. Einige Tage später schließen sich noch zehn Frauen und Kinder aus Naiches Gruppe den Flüchtigen an. Selbst der fast achtzigjährige Nana zieht ein hartes, ungewisses Leben auf der Flucht der Sicherheit auf der Reservation vor.

Die Jagd nach den Rebellen

Kurz nach ihrem Ausbruch zerstreitet sich die Gruppe. Chihuahua und Naiche erfahren, dass Geronimo und Mangas sie mit einer Lüge zum Ausbruch bewegt hatten. Darüber ist Chihuahua so erzürnt, dass er gemeinsam mit seinem Bruder Geronimo töten will. Doch der wird gewarnt und er kann mit Mangas und der übrigen Gruppe weiter nach Mexiko in die Sierra Madre fliehen. Chihuahua indes zieht mit seiner Gruppe in den Norden.

Um die Suche nach den Rebellen zu koordinieren, erhält Crook nun das Oberkommando sowohl für Arizona als auch für New Mexico. Trotzdem gelingt es der Armee nicht, den Flüchtigen zu folgen, die sich schnell in dem unwegsamen Gelände vorwärts bewegen. Erst als aus verschiedenen Regionen Überfälle gemeldet werden, begreift Crook, dass sie sich in zwei Gruppen geteilt haben und Geronimo sich wahrscheinlich bereits nach Mexiko abgesetzt hatte.

Täglich berichten nun die Zeitungen über Gräueltaten der entflohenen Apachen. Diese Berichte sind in der Regel einseitig, oft übertrieben oder sogar schlicht erfunden, aber oft genug entsprechen sie auch den Tatsachen. Allein im Juni 1885 werden mindestens 17 Zivilisten Opfer der Rebellen. Von den Gewalttaten der Weißen gegenüber den Indianern schweigen die Zeitungen.

Abb. 21: Geronimo (ganz rechts) mit drei seiner Krieger, von links: Yahnozha, Geronimos Sohn Chappo und Fun, März 1886.

Wie auf einem Schachbrett schiebt Crook seine Truppen hin und her. Einheiten der 10. Kavallerie schickt er in den Norden, andere durchkämmen das Black Range Gebiet, Truppen der 6. Kavallerie werden in die Nähe des Cuchillo Negro, einem Nebenfluss des Rio Grande, geschickt, zwei andere Einheiten westlich der Burro Mountains geordert. Major Van Horn lässt er mit Mescalero-Scouts die Ufer des Rio Grande überwachen. Die gesamte Armee des Südwestens ist in Bewegung. Mindestens 20 Truppen der Kavallerie und mehr als 100 Indianerscouts sind an den Einsätzen beteiligt, aber die gesuchten Rebellen bleiben unsichtbar. Schließlich fordert Crook weitere 200 Apachenscouts an.

Eines der zahlreichen Suchkommandos leitet Hauptmann E. Crawford. In seiner Abteilung befinden sich auch Britton Davis von der San-Carlos-Agentur wie auch der erfahrene Scoutführer Al Sieber mit 40 weiteren Scouts. Sie dringen bis in die mexikanische Sierra

Madre vor, doch neben dem unwegsamen Gelände macht ihnen auch das Wetter zu schaffen: Es regnet so stark und anhaltend, dass die Soldaten bald bis auf die Haut durchnässt sind. Nach einigen abenteuerlichen Begegnungen erreichen sie El Paso, Geronimo allerdings haben sie nicht zu Gesicht bekommen. Davis, der von dort mit der Bahn zurück nach Arizona fährt, hat anscheinend genug davon, sich mit Indianern herumzuärgern und quittiert nur wenig später seinen Dienst in der Armee. Al Sieber wird zurück nach San Carlos gerufen und kommt in Mexiko nicht mehr zum Einsatz.
Geronimo aber taucht schließlich dort auf, wo ihn seine Verfolger am wenigsten vermuten: in Arizona. Am 22. September gelingt es ihm, alle Sicherheitsvorkehrungen zu überwinden und seine Frau She-gha mit seinem Kind sowie eine weitere Frau von der Reservation, nicht weit von Fort Apache, zu entführen. Gatewood, der Kommandant von Fort Apache, bekennt in einer Nachricht an Crook resigniert: „Der einzige Weg so etwas zu verhindern wäre, sie einzusperren."
Nach der erneuten Flucht in den Süden ist die Armee den Apachen zwar diesmal dicht auf den Fersen, doch wieder einmal verlieren sich die Spuren der Flüchtigen.

Geronimos Lager wird entdeckt

Nach Absprache mit seinem Vorgesetzten General Sheridan verstärkt Crook seine Bemühungen in Mexiko, um das dortige Rückzugsgebiet der Apachen zu entdecken. Crawford überschreitet Ende November 1885 erneut die Grenze mit einem stärkeren, diesmal von Tom Horn geführten, Aufgebot von Indianerscouts und unterstützt eine sich bereits in Mexiko befindende Kavallerieeinheit von Hauptmann Wirt Davis.

Am 9. Januar 1886 kann Crawford die Chiricahua endlich ausfindig machen. Die Offiziere werden von den Indianersouts gebeten, statt ihrer Schuhe Mokassins anzuziehen, um jeden unnötigen Lärm zu vermeiden. Die ganze Nacht über pirscht sich das Aufgebot vorsichtig an das gegnerische Lager heran. Als es zum Angriff kommt, gelingt den meisten Apachen die Flucht, ihre Ausrüstung und ihr Vieh allerdings werden von den Amerikanern beschlagnahmt. Daraufhin schicken die Apachen eine Frau in das eroberte Lager, um ein Treffen ihrer Anführer mit Crawford zu vereinbaren. Es scheint, als würde die Suche nach den geflohenen Chiricahua endlich zu einem Ende kommen, doch ein unerwarteter Zwischenfall macht diese Hoffnungen zunichte.

Zur gleichen Zeit war nämlich ein mexikanisches Kommando auf der Suche nach den Chiricahua. Es wurde von Scouts der Tarahumari begleitet, die erbitterte Feinde der Apachen waren. Diese Gruppe näherte sich nun dem von Crawford bereits eingenommenen Apachenlager.

Was genau geschah, wurde nie restlos aufgeklärt und man weiß nicht, ob es sich um ein Missverständnis oder um eine gezielte Aktion handelte. Jedenfalls kam es zu mehreren Schusswechseln zwischen den beiden Einheiten an deren Ende beide Seiten Todesopfer und Verletzte zu beklagen hatten. Crawford wurde so schwer verwundet, dass er nach einigen Tagen seinen Verletzungen erlag. Leutnant Maus, der nun das Kommando übernahm, versicherte später, die Mexikaner hätten absichtlich auf den amerikanischen Hauptmann geschossen.

Am 15. Januar kommt es dennoch zu einem Treffen zwischen dem neuen Kommandeur Maus und Geronimo, Naiche, Chihuahua und Nana. Auf Geronimos Frage antwortet Maus kurz und bündig: „Ich kam, um euch gefangen zu nehmen oder eure Gruppe zu vernichten." Die Apachen erreichen nach dieser direkten Aussage immerhin, dass ihr Vorschlag akzeptiert wird, sich mit General Crook in einem Monat an der Grenze zu treffen und mit ihm direkt zu verhandeln. Als Zeichen ihres guten Willens übergeben sie Maus den alten Nana, einen weiteren Krieger sowie sieben Frauen und Kinder, darunter auch die Frauen von Geronimo und Naiche mit ihren Kindern. Dann trennen sich ihre Wege und Maus macht sich mit den Gefangenen auf den Weg Richtung Grenze.

Abb. 22: Die Aufnahme aus dem Lager von Geronimo und Naiche während der Verhandlungen vom März 1886 veranschaulicht eindrucksvoll, dass auch Kinder ihren Beitrag zur Verteidigung zu leisten hatten.

Crook und Geronimo verhandeln

Es wird jedoch Mitte März bis die Indianer am vereinbarten Treffpunkt, dem Canyon de los Embudos (auch: Canyon of the Tricksters), ankommen, um Crook zu treffen. Auf Geronimos Wunsch erscheint dieser ohne Soldaten. Aber er hat zwei Begleiter mitgebracht, von denen er sich einen positiven Einfluss auf die Gespräche erhofft: Alchise, ein Häuptling der White Mountain, der sein zuverlässiger Freund geworden war und Kaetenae, ein Anführer der Chihenne, der auf Crooks Wunsch für die Teilnahme an der Verhandlung eigens aus dem Gefängnis Alcatraz freigelassen worden war.
Am 25. März taucht Geronimo mit einigen Kriegern in Crooks Lager auf. Obwohl sie seit fast einem Jahr gejagt werden, scheinen sie in bester körperlicher Verfassung

Abb. 23: Krieger, Frauen und Kinder aus Geronimos Lager während der Verhandlungen vom März 1886.

zu sein. Dazu sind sie bis an die Zähne bewaffnet und verfügen über genügend Munition. Selbstbewusst treten sie Crook entgegen.

Abb. 24: General Crook hatte sich für Kaetenaes Freilassung aus Alcatraz eingesetzt. Er sollte ihn bei den Verhandlungen mit den Rebellen im März 1886 unterstützen.

Sein Angebot an die Chiricahua-Führer lautet, entweder bedingungslose Kapitulation oder Kampf bis zum Ende. Dabei ist Crook sich darüber im klaren, dass ein Feldzug gegen die Apachen viele Monate, wenn nicht gar Jahre dauern würde. Auch hat er durchaus Zweifel, dass Geronimo sich zum Aufgeben entschließen würde. Aber seine knappe, direkte Art beeindruckt die Indianer. Nach kurzer Beratung erklären sie, sie seien bereit sich zu ergeben, allerdings nur, wenn sie zurück nach San Carlos kämen und dort unter den gleichen Bedingungen leben könnten wie zuvor. Doch davon war in Crooks Angebot keine Rede.

Am nächsten Tag spricht Crook erstmals mit ihnen über den Plan, sie nach Osten zu deportieren, wo sie so lange bleiben sollten, bis ihr Verhalten friedfertig geworden wäre und es im Südwesten ihnen gegenüber keine feindliche Stimmung mehr geben würde. Als die Apachen vehement darauf drängen, ein solches Exil zu befristen, gibt Crook schließlich nach und sichert ihnen zu, dass sie nach zwei Jahren in ihre Heimat zurückkehren dürften. Trotz seiner Vorgabe, eine bedingungslose Kapitulation auszuhandeln, hält er sich zu einer solchen Zusage für bevollmächtigt, was sich im Nachhinein jedoch als Irrtum erweisen sollte.

Am folgenden Tag erscheinen Chihuahua, Geronimo, Naiche und die anderen Anführer in Crooks Lager und erklären ihren Widerstand für beendet. Chihuahua reicht Crook die Hand mit den Worten: „Ich ergebe mich, weil ich dir glaube. Du wirst uns nicht täuschen." Crook entgegnet das Apachenwort „En-juh" („Es ist gut"). Auch Geronimo und Naiche bekräftigen ihren Entschluss zum Frieden.

Abb. 25: General Crook (im vorderen Halbkreis rechts außen mit hellen Hut) und Geronimo (der 3. von links) während der Friedensverhandlungen vom März 1886.

Wieder einmal sieht es so aus, als sei der entscheidende Durchbruch geschafft, aber erneut sollten die Erwartungen der Amerikaner enttäuscht werden. Schon in der folgenden Nacht bekommt die gerade gefeierte Einigkeit Risse. In der Nähe des Lagers verkauft der weiße Händler Charles Tribolet den Chiricahua Mescal und Whisky. Versuchte er die Indianer bewusst zu beeinflussen und den Friedensprozess zu torpedieren? Jedenfalls verdiente er gut an ihrer Trunksucht, denn allein in der Nacht nach dem Friedensschluss nahm er für den Verkauf von Whisky 300,- Dollar ein.

Die Soldaten erleben nun hautnah, welchen Einfluss der Alkohol auf die Indianer hatte. Berichten zufolge regierte das Chaos in ihrem Lager. Immer wieder waren in der Nacht ihre Schreie zu hören, hin und wieder wurden Schüsse abgefeuert – manche auch auf die Zelte der Soldaten und Packer. Naiche war bis zur Bewusstlosig-

keit betrunken gewesen. Zwar kommt es nicht zu ernsten Zwischenfällen, doch hat sich während des Gelages die Stimmung vieler Indianer geändert. Sie bereuen jetzt offensichtlich die Zusagen des Vortages, der Alkohol bringt ihren Ärger und ihre Enttäuschung zu Tage.
Dessen ungeachtet verlässt General Crook wie geplant am nächsten Morgen das Lager in Richtung Fort Bowie. Er glaubt, dort seinen Erfolg feiern zu können. Leutnant Maus bricht mit Chihuahua und seiner Gruppe auf, und folgt ihm. Den übrigen lässt er noch etwas Zeit, um sich von dem Alkoholexzess zu erholen. Geronimo und Naiche aber haben mittlerweile andere Pläne. In der Nacht vom 29. auf den 30. März setzen sie sich mit ihrer Gruppe, 18 Männern sowie 22 Frauen und Kindern in die Berge ab.
Nachdem Crook seinen Vorgesetzten Sheridan über den Ausgang der Verhandlungen unterrichtet hatte, - Geronimos und Naiches Flucht waren ihm noch nicht bekannt - telegrafiert dieser ihm umgehend zurück und teilt ihm mit, Präsident Cleveland würde den von ihm ausgehandelten Kompromiss ablehnen. Crook erhält den Befehl, sich erneut mit seinen Truppen gegen die Apachen zu wenden und die Vernichtung des Feindes abzuschließen. Crook kann das nicht verstehen und ist fassungslos.
Als er Sheridan kurz darauf auch noch die Flucht der beiden Führer mitteilen muss, gerät dieser außer sich und äußert sein Befremden darüber, wie es den Apachen hatte gelingen können, unbemerkt von den Indianerscouts zu entkommen. Crook, der sich zu Unrecht kritisiert fühlt, telegrafiert zurück, dass er sich außerstande sehe, den Auftrag weiterzuführen und bittet darum, ihn von diesem Kommando abzuziehen.

Das erneute Scheitern eines Friedens bringt nun endgültig die Hardliner der Indianerpolitik zum Zug. Schon seit Geronimos Zugriff auf Fort Apache im September 1885 verfolgt man in Washington das Ziel einer Deportation aller feindlichen Chiricahua. Nachdem nur zwei Monate später Chihuahuas Bruder Ulzana die Reservation erneut überfällt, sprechen die Spitzen des Kriegsministeriums mit Präsident Cleveland darüber, auch die friedlich auf der Reservation lebenden Chiricahua aus dem Südwesten zu deportieren.

Crook geht, Miles kommt

Crook erhält ein anderes Kommando und General Nelson Miles wird beauftragt, die Aufgabe im Südwesten zum Abschluss zu bringen. Die Unterschiede zwischen den beiden Generälen sind beträchtlich. Zwar ist auch Miles ein erfahrener Indianerkämpfer, doch mit den Apachen hat er noch keinen Kontakt gehabt. Crook hatte weniger auf eine ausschließlich militärische Lösung gesetzt, vielmehr hatte er sich bemüht, gegenseitiges Vertrauen aufzubauen, um auf dem Verhandlungswege eine Kapitulation zu erreichen. Auch der Einsatz von Indianerscouts gehörte zu seinem Ansatz. Wie Sheridan ist auch Miles dagegen der Ansicht, dass man die Apachen mit ausschließlich weißen Soldaten bekämpfen und besiegen könne. Aber später sollte er noch auf die Methoden seines Vorgängers zurückgreifen.
Doch zunächst entlässt er nach der Übergabe des Kommandos unverzüglich die Apachenscouts, um sie durch eine aus Infanterie und Kavallerie bestehende Einheit zu

ersetzen. Deren Führer Lawton und Wood glauben wie er an die Überlegenheit der weißen Soldaten. Aber auch sie wollen nicht ganz auf Indianerscouts verzichten. Die nun sehr kleine Gruppe wird erneut von Tom Horn geführt.

Abb. 26: Nachdem General Crook sein Kommando abgegeben hatte, gelang es General Miles, die letzten rebellischen Chiricahua-Apachen zur Kapitulation zu bewegen.

Innovativ ist das Kommunikationssystem, das Miles im gesamten Apachengebiet in Arizona, New Mexico und Teilen Mexikos errichten lässt. Ausgesuchte möglichst hoch gelegene Orte verbindet er mit einem Netz von

Heliografenstationen. Mit Hilfe von Spiegeln werden dort die Sonnenstrahlen aufgefangen und in kürzester Zeit können nun Nachrichten von einem Ort zum anderen übermittelt werden. Mit diesem System setzt Miles den Rauchsignalen der Apachen etwas entgegen und kann die Indianer zudem damit beeindrucken. Dennoch gelingt es der Gruppe von Geronimo, Mangas und Naiche immer wieder, ihr Versteck in der Sierra Madre zu verlassen und in Arizona Überfälle zu verüben.
Schließlich erfährt Miles, dass die Aufständischen bei Fronteras mit den Mexikanern über eine Kapitulation sprechen würden. Deshalb schickt er zusätzlich zu Lawtons Einheit, den erfahrenen Leutnant Charles Gatewood aus Fort Apache mit einigen Männern in die Region. Nachdem sich beide Gruppen getroffen und ausgetauscht haben, setzt sich Gatewood mit seinen Leuten ab, um schneller in Fronteras zu sein. Denn dort halten sich mittlerweile zwei Frauen der Chiricahua auf, um die Bedingungen für die Gespräche zu klären. Gatewood nimmt mit dem zuständigen Präfekten Kontakt auf, der ihn in seine Pläne einweiht: Die Apachen sollen in die Stadt gelockt und betrunken gemacht werden. Zweihundert versteckte Soldaten sollen dann alle Männer töten, Frauen und Kinder will man versklaven.
Der Präfekt bittet die Amerikaner, den beiden Frauen nicht auf ihrem Weg zurück in ihr Lager zu folgen, um diese Pläne nicht zu gefährden. Zum Schein stimmt Gatewood zu und gibt vor, mit seinen Leuten umzukehren. Doch nach einigen Meilen ändern sie ihre Richtung und begeben sich auf die Fährte der Indianerfrauen. Langsam und vorsichtig bewegen sie sich vorwärts, vorneweg einen Stock mit weißem Stoff haltend, um ihre friedliche

Absicht deutlich zu machen. Natürlich hat Geronimo sie längst entdeckt und beobachtet sie genau. Er schickt ihnen einen Krieger entgegen, der zwei Scouts aus der Gruppe in das Rebellenlager führt. Einen der beiden behält Geronimo als Geisel, den anderen schickt er zu den Amerikanern zurück, um Gatewood zu holen.
Am Morgen des 24. August erreicht Gatewood, begleitet von einigen Scouts, Geronimos Lager. Vielen Apachen ist er unter dem Spitznamen „Bay-chen-day-sen“ („Große Nase“) bekannt, was natürlich eine Anspielung auf seine ausgeprägte Nase ist. Er setzt sich mit den nach und nach eintreffenden Kriegern zusammen. Unter den letzten, die auftauchen, sind auch Geronimo und Naiche. Geronimo, der die nun folgende Verhandlung mit dem Leutnant führt, begrüßt ihn sogleich mit Handschlag und sagt, er würde sich freuen, ihn zu sehen. Es wird Tabak herumgereicht und Geronimo fragt nach Miles Botschaft, die Gatewood in knappen Worten wiedergibt: „Gebt auf und ihr werdet nach Florida geschickt werden, wo ihr mit euren Freunden zusammenkommen werdet. Dort erwartet ihr die endgültige Entscheidung des Präsidenten in eurer Angelegenheit. Akzeptiert diese Bedingungen oder kämpft bis zum bitteren Ende.“ Als Gatewood fertig ist, wird es still. Später erinnert er sich, dass alle bewegungslos dasaßen und ihn konzentriert ansahen. Deutlich sei die Anspannung zu spüren gewesen.
Geronimo gewinnt als erster seine Fassung zurück, er scherzt zunächst, dass er etwas trinken müsse, versucht dann aber, über die Bedingungen zur Kapitulation zu handeln. Gatewood macht ihm jedoch klar, dass er dazu nicht die Befugnis habe. Daraufhin berät sich Geronimo längere Zeit mit den anderen Kriegern. Als er erneut mit

Gatewood zusammentrifft, besteht er darauf, zurück nach San Carlos zu kommen: „Führt uns auf die Reservation oder kämpft."

Gatewood versucht ihm zu erklären, dass all seine Freunde und Verwandten bereits in Florida seien und in San Carlos nur ihre Feinde auf sie warten würden. Er berichtet, dass Chihuahua mit seiner Gruppe bereits im April nach Florida gebracht worden war. Diese Nachricht erschreckt die Apachen. Erneut ziehen sie sich zurück, um zu beraten.

Beim nächsten Treffen will Geronimo von Gatewood näheres über General Miles erfahren, den er nie kennen gelernt hat. Er fragt nach seinem Alter, seiner Größe und nach der Farbe seiner Haare und Augen. Er will sogar wissen, ob Miles viele Freunde habe, ob die Offiziere und Soldaten ihn mögen und die Leute seinen Worten Glauben schenken. Auch ob er bereits Erfahrungen mit anderen Indianern habe, interessiert ihn. Aufmerksam verfolgt er Gatewoods Antworten und brummt schließlich: „Er muss ein guter Mann sein, da ihn der Große Vater aus Washington geschickt hat und weil er dich zu uns geschickt hat."

Zu Gatewoods Überraschung bittet ihn Geronimo, er solle sich in ihre Lage versetzen. Was würde er an ihrer Stelle tun? Nach einigem Zögern rät Gatewood ihnen: „Ich würde General Miles vertrauen und seinen Worten glauben." Aber immer noch sind die Indianer unschlüssig und beraten sich aufs neue. Am nächsten Morgen teilt Geronimo Gatewood mit, dass sich die gesamte Gruppe ergeben würde. Allerdings bittet er darum, dass sie ihre Waffen bis zur offiziellen Kapitulation gegenüber General Miles behalten dürften. Gatewood möge sie zu dem Treffen mit Miles begleiten.

Nach dem Abschluss der Gespräche macht sich die gesamte Gruppe mit den Apachen auf den Weg Richtung Grenze, wo sie General Miles treffen wollen. Lawtons Kommando blieb in der Nähe, um sie vor den Mexikanern zu schützen. Beinah wäre es schon drei Tage später bei einem Aufeinandertreffen mit mexikanischen Soldaten zu einem Zwischenfall gekommen. Doch letztlich kann die Gruppe unbeschadet den Skeleton Canyon erreichen, wo am 3. September 1886 das Treffen mit General Miles stattfindet. Die Quellen berichten von 34 bis 38 Apachen, davon über 20 Krieger, die dort eintreffen, um zu kapitulieren.
Miles sollte später wegen falscher Versprechungen an den Chiricahua-Führern zu Recht in der Kritik stehen. Zu Gute halten muss man ihm aber, dass er sich seit Juli an bis unmittelbar vor dem Zusammentreffen darum bemühte, einen alternativen, besseren Aufenthaltsort für die Deportierten zu finden. Noch einen Tag bevor er Geronimo traf, versuchte er zwei Orte in Kansas dafür zu gewinnen. Die verantwortlichen Stellen lehnten jedoch seine Nachfragen ab.
Obwohl General Miles nun wirklich nicht sonderlich viel für die rebellischen Apachen übrig hat, ist er doch von Geronimo beeindruckt. Er beschreibt ihn später als einen Mann voller Entschlossenheit, wie er ihm kaum begegnet sei. „Jede Bewegung wies auf Macht, Energie und Zielstrebigkeit hin. Alles was er tat, verfolgte einen Zweck."
Der General wiederholt die schon von Gatewood verkündeten Bedingungen. Mit Hilfe einiger Steine demonstriert er Geronimo, was mit ihm und den übrigen Chiricahua geschehen sollte. Er legt einen Stein für Chi-

huahua und seine Gruppe, die sich bereits in Florida befanden, einen weiteren für diejenigen, die noch auf der San-Carlos-Reservation waren und einen letzten für Geronimo selbst. Dann nimmt er die beiden letzten Steine, legt sie zu dem ersten und erklärt: „Das ist es, was der Präsident will, er will euch alle zusammenbringen.“ Diese Worte beruhigen Geronimo, aber später führten sie zu vielen Debatten, Klagen und Anklagen, denn das Versprechen wurde nicht eingelöst.
Doch zunächst akzeptieren Geronimo und Naiche die Kapitulation. Am folgenden Tag begibt sich Miles mit den Gefangenen nach Fort Bowie. Dort macht er weitere Zusagen, die später ebenso für Irritationen sorgen. So verspricht er den kapitulierenden Apachen eine eigene Reservation. Und mehrfach betont er, ihre Vergangenheit sei ausgelöscht und vergessen, es würde jetzt ein neues Leben für sie beginnen. Die Realität sollte anders aussehen. Keiner der Apachen dachte bei diesen Worten an eine 27-jährige Kriegsgefangenschaft.

Deportation nach Florida

Vier Tage später, am 8. September 1886, werden die noch in San Carlos lebenden Chiricahua, insgesamt 383, darunter 103 Kinder, nach Holbrook gebracht, wo sie die lange Zugreise nach Florida antreten. Sie erreichen ihr Ziel, Fort Marion, am 20. September. Am gleichen Tag wird die Gruppe um Geronimo und Naiche in Bowie Station in einen Zug Richtung Florida verfrachtet. Auf sie wartete jedoch ein anderes Ziel. Ihr Zug wird allerdings schon nach zwei Tagen in San Antonio, Texas, gestoppt. Sheridan gab den Befehl zur Unterbrechung, weil die Rebellen eigentlich in Arizona bleiben sollten, bis Präsident Cleveland endgültig über ihr Schicksal entschieden hätte.

In der Öffentlichkeit war man zunächst von einer bedingungslosen Kapitulation der Chiricahua ausgegangen. Es hieß, den Indianern sei lediglich zugesagt worden, sie würden ihr Leben behalten, müssten sich darüber hinaus aber als Kriegsgefangene betrachten. Inzwischen ist in Washington durchgesickert, dass die Kapitulation unter anderen Umständen erfolgte. In einer daraufhin durchgeführten Befragung der Gefangenen, der beteiligten Soldaten und Scouts in San Antonio kommen die falschen Versprechungen ans Licht.

Schließlich verkündet Präsident Cleveland seine Entscheidung, mit der er versucht die unterschiedlichen Interessen von Kriegs- und Innenministerium in Einklang zu bringen. Er hält sich an Miles' Zusage, das Leben der Gefangenen zu schonen, lässt sie aber, wie angekündigt, nach Florida deportieren. Dem Versprechen auf eine eigene Reservation erteilt er eine Absage. Seiner Ansicht nach hätte die Öffentlichkeit ein Recht darauf, dass die verübten Gräueltaten eine besonders schwere Strafe nach sich ziehen. So kündigt er an, die Anführer und Krieger der Rebellen von ihren Familien zu isolieren.

Gemäß seiner Anweisung werden in Texas die Frauen und Kinder von den Kriegern getrennt und zu den übrigen Chiricahua nach Fort Marion weitergeschickt. Die Krieger werden nach Fort Pickens gebracht, das sich etwa 480 km entfernt am anderen Ende Floridas befindet. Am 25. Oktober 1886 erreicht der Zug mit den gefangenen Kriegern sein Ziel. Mit einem Dampfer legen sie das letz-

te Stück über die Bucht nach Santa Rosa Island zurück.
Lediglich Mangas befand sich mit seiner kleinen Gruppe noch in Freiheit. Im Oktober gibt auch er auf. Er wird ebenfalls nach Fort Pickens deportiert, wo er am 6. November mit einem weiteren Krieger eintrifft. Zwar gibt es noch vereinzelte Apachen, die sich in den Bergen versteckt halten und hier und da auch Überfälle verüben, doch die Apachen als ernstzunehmende militärische Bedrohung existieren nun nicht mehr.

Die Entscheidung, die Chiricahua-Apachen als Kriegsgefangene zu behandeln und zu deportieren, war in der Öffentlichkeit durchaus umstritten. Sie fand aber auch viel Zustimmung, vor allem unter den Bewohnern des Südwestens, die viele Jahre unter den Überfällen der Apachen zu leiden hatten und viele Opfer zu beklagen hatten. Die Chiricahua waren es schließlich auch, die sich am hartnäckigsten der Reservationspolitik widersetzten.

Auf größeres Unverständnis stieß dagegen, dass auch jene Chiricahua deportiert wurden, die sich nicht dem Widerstand der Flüchtigen angeschlossen, sondern friedlich auf der Reservation gelebt hatten. Noch absurder und ungerechter erschien es schon damals, dass auch jene Indianer in Sippenhaft genommen wurden, die aktiv an der Suche und Festsetzung der Rebellen beteiligt gewesen waren, die Armee unterstützt und sich als Apachenscouts gegen ihren eigenen Stamm gewandt hatten. U.a. General Crook ergreift immer wieder für sie Partei und betont, dass die Erfolge der Armee gegen die flüchtigen Apachen ohne ihre Hilfe undenkbar gewesen wären.

Besonders makaber ist der Fall von Chatto, der für seine loyale Haltung den Weißen gegenüber bekannt war. Er

Abb. 27: Chatto war einer der loyalsten Indianerscouts gewesen. Auch wenn er in Washington für seine Verdienste mit einer Medaille ausgezeichnet wurde, blieb ihm die Kriegsgefangenschaft nicht erspart.

befand sich mit anderen Indianern auf einer offiziellen Delegation in Washington, wo er als Dank für seine Dienste vom Präsidenten eine große Silbermedaille erhalten hatte. Nur wenige Tage später, als sich die Gruppe auf dem Rückweg in die Reservation befindet, wird er ebenfalls inhaftiert und nach Florida deportiert. Seine Medaille nimmt er mit in die Gefangenschaft.

Im April 1887 wird Fort Marion aufgelöst, da die dort Internierten das tropisch-feuchte Klima und die Lebensbedingungen nicht vertrugen, viele waren erkrankt und es gab zahlreiche Todesfälle. Deshalb verlegt man die Gefangenen nach Mount Vernon in Alabama, nördlich von Mobile. Die Familien der Rebellen allerdings kommen nach Fort Pickens und beenden dort die isolierte Sonderhaft von Geronimo, Naiche und den etwa 15 anderen Kriegern. Geronimos Frau She-ga ist bereits krank, als sie in Fort Pickens eintrifft. Sie sollte sich nicht mehr erholen und stirbt im September an Lungenentzündung. Im Mai 1888 dürfen dann auch die Anführer mit ihren Familien zu ihren Stammesbrüdern nach Alabama gehen, womit die Chiricahua zum ersten Mal seit ihrer Kapitulation wieder vereinigt sind.

In den Mount Vernon Kasernen war eine kleine Infanterie-Garnison stationiert, die nun für die gefangenen Apachen verantwortlich sein sollte. Was das Klima angeht, bedeutet der Umzug nach Alabama zwar eine kleine Verbesserung, doch die Krankenstände sind nach wie vor sehr hoch. Das Gebiet liegt inmitten von Sümpfen und Malaria, Gelbfieber und Tuberkulose führen wiederum zu einer Reihe von Todesfällen. Auch Geronimos Sohn Chappo ist unter den Opfern. Besonders leiden die Indianer aber unter der Trennung von ihren Kindern, die zur Erziehung,

Abb. 28: Kinder und junge kriegsgefangene Apachen wurden von ihren Eltern getrennt und zur Erziehung auf das viele hundert Meilen entfernte Internat von Carlisle, Pennsylvania, geschickt.

Abb. 29: Nach 4-monatigem Aufenthalt in Carlisle hatte die Umerziehung sichtbare Folgen. Mit geschnittenen und frisierten Haaren und in den Kleidern von Weißen wirkten die Chiricahua kaum mehr wie Indianer.

oder besser gesagt Umerziehung, in die Internatsschule nach Carlisle in Pennsylvania gebracht werden.
Ein einst erbitterter Gegner der Apachen, General Crook, wird nun einer ihrer wichtigsten Fürsprecher. Hatte er bereits gegen die Inhaftierung seiner ehemaligen Apachenscouts protestiert, so setzt er sich nun dafür ein, dass den Gefangenen besseres Land zur Verfügung gestellt wird. Bei einem Besuch in Mount Vernon im Januar 1890 wird er freudig begrüßt, doch als Geronimo als einer der alten Anführer ein paar Worte sprechen soll, weist Crook das zurück: „Ich will nichts von Geronimo hören. Er ist ein solcher Lügner, dass ich kein Wort von dem glauben kann, was er sagt." Immer noch ist Crook verärgert und enttäuscht darüber, dass Geronimo und Naiche nach den Friedensgesprächen vom März 1886 mit ihren Gruppen erneut geflohen waren.

Kriegsgefangenschaft in Oklahoma

Die Suche nach einem besser geeigneten Gelände für die Chiricahua zieht sich lange hin. Fort Sill in Oklahoma wurde schließlich von General Miles vorgeschlagen. Zum Umzug kommt es im Oktober 1894, nachdem sich zuvor die Stämme der Comanchen und Kiowa einverstanden erklärt hatten, ihre ehemaligen Feinde auf ihrem Land leben zu lassen. Die Region war zu jener Zeit von der Regierung noch als „Indianer-Territorium" eingestuft. 1900 wurde sie zum „Oklahoma-Territorium" umgewidmet und bereits sieben Jahre später zum 46. Bundesstaat der USA.
Obwohl sie nach ihrem Status Kriegsgefangene sind, leben die Apachen in Fort Sill doch relativ freizügig. Die

Gruppen der einstigen Anführer wohnen in kleinen aus Holzhäusern gebildeten Dörfern. Sie können sich relativ frei bewegen und werden in der Viehhaltung unterwiesen. Kurz nach ihrer Ankunft wird es ihnen sogar gestattet, das weitläufige Gelände über das Wochenende zu verlassen, um etwa 70 km entfernt die beliebten Mesquitebohnen zu ernten, eine ihrer Lieblingsspeisen aus der Heimat. Es war immer befürchtet worden, die Chiricahua würden ihre Bewegungsfreiheit ausnutzen, um in ihre Heimat zu fliehen. Doch die Vorsichtsmaßnahmen in Fort Sill sollten sich als unnötig erweisen. Es kommt zu keinem Ausbruchsversuch.

Auch während der Kriegsgefangenschaft versteht es Geronimo immer wieder, das Medieninteresse auf sich zu ziehen. Eine der ersten Gelegenheiten dafür erhält er im Herbst 1898, als er gemeinsam mit Naiche und seiner Familie auf einer großen Ausstellung in Omaha eine der Attraktionen ist. Bei diesem Anlass begegnet er erstmals General Miles wieder, ein Treffen auf das er all die Jahre gewartet hatte.

Geronimo wirft dem General vor, ihn hintergangen und angelogen zu haben. Schließlich hatte er ihm zugesichert, mit seiner Familie und den anderen Chiricahua wieder zusammenzukommen. Dazu hatte er ihm ein Haus, Land und Vieh in Aussicht gestellt. Von all dem war unmittelbar nach ihrer Kapitulation nichts eingetroffen. Miles zeigt sich aber unbeeindruckt. Er habe das Lügen gelernt, sagt er, „... vom größten Nantan (Häuptling) aller Lügner – von dir Geronimo. Du hast die Mexikaner, die Amerikaner und dein eigenes Volk belogen, dreißig Jahre lang." Darauf bittet ihn Geronimo, wieder in seine Heimat zurückkehren zu dürfen. Er beschreibt die Landschaft, die

Die Kriegsgefangenschaft der Chiricahua: Herkunft, Orte der Deportation, Internatsschule und neue Heimat auf der Mescalero-Reservation

WISCONSIN
ESOTA
Lake
Mich.
MICHIGAN
Lake
Erie
NEW YORK
PENNSYLVANIA
Carlisle
IOWA
OHIO
INDIANA
ILLINOIS
WEST-
VIRGINIA
VIRGINIA
MISSOURI
KENTUCKY
NORTH-
CAROLINA
TENNESSEE
SOUTH-
CAROLINA
ARKANSAS
MISSIS-
SIPPI
über 3.100 km
ALABAMA
GEORGIA
Mount Vernon
Fort
Marion
LOUISIANA
Fort Pickens
FLORIDA
Atlantic Ocean

Pflanzen und Tiere und beteuert, dass er das alles sehr vermisse. Miles entgegnet darauf trocken, die Bewohner von Arizona würden ihn jedoch nicht vermissen.
Bei einem späteren Besuch in Fort Sill spricht Geronimo den General erneut an und fragt, ob er wegen seines fortgeschrittenen Alters nicht von der täglichen Arbeit befreit werden könne, was Miles ihm umstandslos gewährt. Bei leichteren Tätigkeiten wie der Heuernte oder dem Hüten des Viehs hilft Geronimo dennoch aus freien Stücken mit.
Ein weiterer großer Auftritt ist ihm bei der Weltausstellung von St. Louis 1904 vergönnt, wo auch heimische Indianerkulturen präsentiert werden sollen. Geronimo demonstriert hier einmal mehr seine Geschäftstüchtigkeit, indem er selbst gefertigte Pfeile und Bogen veräußert und eigene Fotos mit Autogramm zum Verkauf anbot.
Im darauf folgenden Jahr findet in Washington eine große Parade zur Amtseinführung des Präsidenten Theodore Roosevelt statt. Mehrere bekannte Indianerführer wie der Comanche Quanah Parker, der Blackfoot Little Plume, aber auch Geronimo, werden ebenso zur Teilnahme eingeladen wie sechs junge Indianer, die abseits ihrer Familien in dem Internat von Carlisle erzogen worden waren. Die sechs alten Anführer führten den Indianertrupp der Parade in ihrer traditionellen Kleidung an und ritten vorneweg, gefolgt von den in adretten westlichen Anzügen steckenden jungen Männern. Eine Demonstration, die verdeutlichen sollte, wie sehr die Indianer von der amerikanischen Zivilisation profitieren. Das Erscheinen Geronimos löste große Begeisterung bei den Zuschauern aus. Die Menge ließ ihn hoch leben und nur der gewählte Präsident erhielt noch mehr Aufmerksamkeit.

1903 tritt Geronimo der Niederländischen Reformierten Kirche bei, einer Methodistengemeinde, deren Gottesdienst er regelmäßig besucht. Bei seinen zahlreichen Appellen, seine Kriegsgefangenschaft aufzuheben, argumentiert er auch mit seinem Religionswechsel, der schließlich ein Beweis für seinen Sinneswandel sei. Zunächst führt sein Kirchenbeitritt auch tatsächlich zu einer Verhaltensänderung. Doch auf Dauer kann er seine Leidenschaft für Pferderennen, Wetten, Spiel und Alkohol nicht unterdrücken und geht diesen Vergnügungen bald wieder nach. Auf die Klagen des Pastors entgegnet er, die Regeln seien zu streng und, so kehrt er kurzerhand zum Glauben seiner Väter zurück. Etwa 1907 wird seine Mitgliedschaft in der Gemeinde wieder aufgehoben.

Das Nebeneinander alter traditioneller Werte und neuer Anschauungen mag in seinem Inneren zu manchen Spannungen geführt haben. So betätigt sich Geronimo während seiner Zeit in Fort Sill mehrmals als schamanischer Heiler. Es ist zwar nicht sicher, dass er das während seiner christlichen Phase tat, aber es scheint, dass er bei Bedarf zu seinen alten Glaubensvorstellungen zurückkehrte. Als sich beispielsweise in seiner Familie Unglücksfälle häufen, vermutet er Hexerei, und lässt eine Zeremonie durchführen, um den verantwortlichen Hexer zu identifizieren.

1904 lernt Geronimo den Leiter der Schule in Lawton, S. M. Barrett, kennen, woraus sich eine Bekanntschaft mit gegenseitigen Besuchen entwickelt. Barrett hörte bei diesen Gelegenheiten viele Abenteuer aus Geronimos Leben, und er regt ihn dazu an, sein Leben zusammenhängend zu erzählen und seine persönliche Sicht darauf mitzuteilen. Nachdem eine Erlaubnis von Präsident

Roosevelt eingeholt worden war, diktiert der alte Anführer seine Erinnerungen und der junge Asa Daklugie, Sohn des Nedhni-Häuptlings Juh, stellt sich als Übersetzer zur Verfügung. 1906 erscheint das Buch unter dem Titel „Geronimo´s Story of his Life".

Schon seit langem kämpften die Chiricahua mit der Hilfe von Unterstützern um eine Entlassung aus der Kriegsgefangenschaft und die Erlaubnis, in ihre Heimat zurückkehren zu dürfen. Obwohl die Bewohner von Arizona sich dem vehement widersetzen, billigt der Kongress im August 1912 die Aufhebung der Gefangenschaft. Ausschlaggebend waren dafür allerdings nicht nur humanitäre, sondern auch militärische Überlegungen. Das Gelände von Fort Sill war nämlich mit Beginn des 20. Jh. immer wichtiger als Übungsplatz für die Artillerie geworden, wobei die Dörfer der Gefangenen, ihre Felder und ihr Vieh im Weg waren.

Bei der Suche nach einem geeigneten Siedlungsplatz erschien die Mescalero-Reservation in New Mexico als ideal. Bereits vor einigen Jahren hatten die Mescalero die letzten versprengten Reste der Lipan-Apachen aufgenommen, nun stimmen sie auch dem Zuzug der Chiricahua zu. Denen wird es freigestellt, ob sie in Oklahoma bleiben oder nach New Mexico gehen wollen. Etwa zwei Drittel von ihnen entschließen sich für den Umzug zu den Mescalero, unter ihnen all jene Krieger mit ihren Familien, die sich im September 1886 gemeinsam mit Geronimo ergeben hatten. So auch Naiche mit seiner Frau Ha-o-zinne, fünf seiner Kinder, sowie seiner alten Mutter Dos-teh-seh, der Witwe von Cochise. Den in Oklahoma Verbliebenen werden verlassene Farmen zur Bewirtschaftung zur Verfügung gestellt.

Für Geronimo kommt diese Entwicklung allerdings zu spät. Die Liebe zu seiner bergigen Heimat hatte ihn lebenslang begleitet. Wiedersehen sollte er sie nicht. Er stirbt bereits am 17. Februar 1909 in Fort Sill an den Folgen einer Lungenentzündung. Auf dem Apachen-Friedhof bei Cache Creek wird er begraben.
Neben dem Hunkpapa Sioux Sitting Bull dürfte Geronimo zu den bekanntesten nordamerikanischen Indianerführern des 19. Jh. gehören. In Deutschland gibt es vermutlich nur einen Apachen, der populärer ist, und das ist die Romanfigur Winnetou. Der letzte erbittert geführte Indianerkrieg, Guerillaüberfälle und ein unbeugsamer Widerstandsgeist, all das verbindet man mit dem Namen Geronimo. Und er erinnert an die Entscheidung der Siegermacht USA, die kapitulierenden Apachen – einschließlich ihrer friedlichen Stammesgenossen – in ein 27 jähriges Exil der Kriegsgefangenschaft zu verbannen.

Nachwort

Im 19. Jh. vollzog sich für die Apachen ein grundlegender Wandel, an dessen Ende für alle Stämme der Verlust ihrer Freiheit und ein Leben auf Reservationen stand. Bei den Chiricahua kam die Deportation an das andere Ende der Vereinigten Staaten dazu mit einer fast drei Jahrzehnte währenden Kriegsgefangenschaft.

Der von 1810 bis 1821 sich hinziehende Unabhängigkeitskrieg im neuspanischen Königreich, der mit dem Sieg Mexikos endete, blieb für die Apachen noch ohne nennenswerte Auswirkungen. Aber unter den neuen Machthabern verschlechterte sich das Verhältnis spürbar. Die noch von den Spaniern geleistete Unterstützung blieb aus und die Apachen sahen sich gezwungen, ihr früheres Leben wieder aufzunehmen. Überfälle häuften sich, denen Strafmaßnahmen des mexikanischen Militärs folgten.

Schon bald richteten die Angloamerikaner ihren Blick weiter gen Westen. Zunächst begrüßten die Apachen noch den Sieg der US-Truppen gegen Mexiko. Doch sie wussten nicht, welches Schicksal sie unter US-amerikanischer Herrschaft erwartete. Eine Folge der mexikanischen Niederlage war die Zerschneidung ihres Stammesgebietes, das nun in zwei verschiedenen Staaten lag. Vor allem die Chiricahua waren neben dem US-amerikanischen Südwesten auch in den mexikanischen Bundesstaaten Sonora und Chihuahua zuhause.

Die Apachen verstanden es zunächst, dies zu ihrem Vorteil zu nutzen. Sie raubten und plünderten in dem einen Land und überquerten die Grenze, um sich in dem anderen zu verstecken oder ihr Beutegut an den Mann zu bringen. Doch als US-amerikanische und mexikanische Behörden und deren Streitkräfte stärker miteinander kooperierten, wurde der Spielraum für die Apachen immer enger.

Ein neues Kapitel begann, als die USA in den 70er Jahren des 19. Jh. die Apachen auf Reservationen ansiedelte. Der nur wenige Jahre darauf gefasste Plan, unterschiedliche Apachenstämme auf einer Agentur zu konzentrieren, sollte aus Sicht der Weißen die Verwaltung der Indianer und die neue Besiedlung des Landes erleichtern. Letztlich vergrößerten sich dadurch die Probleme.

Das erzwungene Zusammenleben auf den Reservationen provozierte Gewalt und diverse Ausbrüche. Zahlreiche Konflikte in den letzten zehn Jahren vor der Kapitulation Geronimos und seiner Krieger resultierten aus einer fehlerhaften, unüberlegten Indianerpolitik. Eine der Ursachen dafür lag in den unterschiedlichen Strategien von Innen- und Kriegsministerium.

Vor allem General Crook erkannte nach zahlreichen Kämpfen, dass die Apachen nur mit Hilfe ihrer eigenen Landsleute besiegt werden konnten. Das führte dazu, dass Apachenscouts gegen ihr eigenes Volk eingesetzt wurden. So gelang es Crook und Miles schließlich, sich erfolgreich gegen die Guerilla-Taktik der Apachen durch zu setzen. Für viele Scouts war es verlockender gegen den eigenen Stamm zu kämpfen, als ein untätiges Leben auf der Reservation zu führen. Zumindest im Ansatz konnten sie auf diese Weise wieder an ihr früheres Kriegerleben anknüpfen.

Die meisten Apachenstämme resignierten und fanden sich mehr oder weniger mit einem Leben auf der Reservation ab: die einzelnen Gruppen der Westlichen Apachen nach dem Camp-Grant-Massaker von 1871, die Mescalero seit 1873 und die Jicarilla ab 1887. Für die Chiricahua sollte sich die Situation in den Jahren 1876 und 1877 nach der Auflösung ihrer früheren Reservationen und der Verlegung nach San Carlos dramatisch verschlechtern.

Nach der Kapitulation von Geronimo und seinen Rebellen wurde der gesamte, überwiegend friedliche Stamm in Sippenhaft genommen und in die Kriegsgefangenschaft zunächst nach Florida, dann nach Alabama und schließlich nach Fort Sill, Oklahoma, deportiert. Der Verlust der Heimat mag sie genauso hart getroffen haben wie die Gefangenschaft. Als diese endlich 1913 nach 27 Jahren aufgehoben wurde, kam es zur Teilung des Stammes: Von den Überlebenden gingen zwei Drittel nach New Mexico auf die Mescalero-Reservation. Etwa ein Drittel blieb in Oklahoma.

Die in Oklahoma verbleibenden Apachen bekamen individuell Landparzellen verlassener Farmen zugeteilt. Sie bewirtschafteten ihr Land und lebten in einer mehrheitlich weißen Umgebung. Im Gegensatz zu ihren Stammesbrüdern, die nach Mescalero gingen, waren sie nicht in einer Reservation eingebunden. Dennoch erhielten sie als „Fort Sill Apache Tribe" die staatliche Anerkennung als Indianerstamm.

Aber die Vergangenheit und die verlorene Heimat ließ den Fort-Sill-Apachen anscheinend keine Ruhe. Schließlich schufen sie Fakten und erwarben im südlichen New Mexico Land. Nach mehreren gerichtlichen Auseinandersetzungen gewannen sie einen längeren Rechtsstreit gegen den Bundesstaat New Mexico, mit dem Ergebnis, dass sie auch dort als Indianerstamm anerkannt wurden und ihr Land den Status einer Reservation erhielt. Neben verschiedenen anderen wirtschaftlichen Aktivitäten betreibt der Stamm nun Spielcasinos sowohl in Lawton, Oklahoma, als auch in Akela, New Mexico.

Die meisten der Krieger, die sich damals General Miles ergeben hatten, waren 1913 auf die Mescalero-Reservation gegangen. Dort leben daher heute auch fast alle Nachkommen der vier vorgestellten Chiricahua-Häuptlinge. Eine Ausnahme war Sam Haozous, ein Enkel von Mangas Coloradas. Er geriet als Jugendlicher in Gefangenschaft, und entschied sich später dafür, mit seiner Familie in Oklahoma zu bleiben. Er wurde dort ein erfolgreicher Farmer und starb 1957. Sein Sohn Allan Houser kam in Fort Sill zur Welt, er passte seinen Namen dem amerikanischen Sprachgebrauch an und wurde ein anerkannter Maler und Bildhauer der Moderne. Seit den 60er Jahren arbeitete er in Santa Fe, New Mexico, wo er 1994 starb. Jeff Haozous, der Enkel von Sam Haozous, wurde seit 2002 immer wieder zum Stammesvorsitzenden gewählt und prägte auf diese Weise die weiteren Geschicke der Fort-Sill-Apachen.

Mangas, der Sohn von Mangas Coloradas, der einst mit Geronimo von San Carlos geflohen war und oft Seite an Seite mit ihm gekämpft hatte, war bereits 1901 in Fort Sill gestorben. Cochises Sohn Naiche erwarb in der Gefangenschaft Zeichenkenntnisse und seine Farbzeichnungen auf Hirschleder zeugten von einer genauen Beobachtungsgabe und wurden von vielen geschätzt. Seine Motive waren Blumen und Tiere der Heimat, aber auch die traditionelle Mädchenpubertätszeremonie der Apachen. Auch er entschloss sich 1913 mit seiner Frau

Ha-o-zinne und seiner Familie für den Umzug nach Mescalero. Seine alte Mutter, Dos-teh-seh, die Witwe von Cochise und Tochter von Mangas Coloradas, begleitete ihn. Ha-o-zinne starb jedoch kurz nach ihrer Ankunft an einem Herzschlag. Naiche galt in Mescalero, neben Asa Daklugie und Eugene Chihuahua, bis zu seinem Tod 1919 als einer der Anführer der Fort-Sill-Apachen.

Der einzige überlebende Sohn von Victorio, Charles Istee, schloss sich mit seiner Frau ihnen ebenfalls an. Ihr Sohn, Evan Istee, wurde kurz nach ihrer Ankunft auf der Reservation geboren und lebte dort mit seiner Familie.

Das Interesse an Geronimo ist in den USA nach wie vor groß. Das zeigte auch eine Ausstellung zu seiner Person, die 2012 im renommierten Heard-Museum in Phönix, Arizona, regen Zulauf fand. Von den zahlreichen Kindern, die Geronimo mit verschiedenen Frauen hatte, überlebten aber nur wenige die Zeit der Kriegsgefangenschaft.

Unter den Deportierten gab es auch einige Mescalero, die seinerzeit von den Chiricahua entführt worden waren. Ihnen erlaubte man bereits 1889 wieder zurück in ihre Heimat zu gehen. Unter ihnen befand sich auch Geronimos Frau Ih-tedda. Die beiden hatten zusammen die Tochter Lenna und den Sohn Robert, der allerdings erst in Mescalero zur Welt kam. Nach Apachensitte wurde die Rückkehr von Ih-tedda als Scheidung ausgelegt und ihre Eltern verheirateten sie erneut.

Lenna Geronimo heiratete bei den Mescalero und bekam mehrere Kinder. Robert Geronimo lernte seinen Vater kennen, als er zunächst ein Internat in Oklahoma besuchte. Während dieser Zeit hielt er sich immer wieder in Fort Sill auf. Nach dem er später die Schule in Carlisle

beendet hatte und Geronimo inzwischen gestorben war, zog er wieder zu seiner Mutter und seinem Stiefvater auf die Mescalero-Reservation. Er starb 1966 und hinterließ vier Kinder, die dort ebenfalls Familien gründeten.
Eine weitere Tochter Geronimos, Eva, heiratete auf der Mescalero-Reservation und bekam kurz darauf ein Mädchen. Doch ihr Kind starb bereits nach 2 Monaten und auch sie selbst fiel nur ein Jahr darauf der Tuberkulose zu Opfer. Verschiedene andere Verwandte von Geronimo blieben aber in Oklahoma, wie sein Cousin Jason Betzinez und dessen Mutter.
Auch der einst für sein Wirken als Scout mit einer Medaille geehrte Chatto ließ sich mit seiner Familie auf Mescalero nieder. Von den übrigen Chiricahua wurde er allerdings gemieden, da sie ihm seine Dienste für den Feind übel nahmen. Aber auch er suchte nicht ihre Nähe und lebte abseits der anderen Familien. Er konnte nie die Enttäuschung überwinden, dass ihm trotz seiner Unterstützung der US-Armee die gleiche Behandlung wie den Rebellen zuteil wurde. Der alte Nana war bereits 1896 gestorben und auch Chihuahua starb noch während der Gefangenschaft in Fort Sill.

Sicher sollte man bei allen Ungerechtigkeiten, die den Apachen zugefügt wurden, nicht vergessen, dass auch sie selbst im Kampf in der Wahl ihrer Mittel nicht zimperlich waren. Ihre Nachbarn und auch die weißen Eindringlinge hatten bestimmt manches Leid zu ertragen. Aber den Apachen war nie daran gelegen, die Eigenständigkeit und das Selbstbestimmungsrecht der benachbarten Stämme in Frage zu stellen oder ihre kulturelle Eigenart zu unterdrücken.

Nach Aufhebung der Kriegsgefangenschaft begann für die Chiricahua-Apachen ein über viele Jahrzehnte andauernder Prozess, für sich als Stamm ein neues Selbstverständnis in einer völlig veränderten Welt zu erlangen. Und trotz manchen positiven Entwicklungen ist dieser Prozess noch lange nicht abgeschlossen.

Literatur

Vor dem ausführlichen Literaturverzeichnis sollen hier kurz einige wichtige Werke vorgestellt werden. Gute einführende Darstellungen über Kultur und Geschichte der Apachen sind vor allem Worcester (1982), Opler (1996) und Haley (1997). Keine Einführung im üblichen Sinne, aber trotzdem sehr empfehlenswert ist Ball (1980). Ihr Buch „Indeh: An Apache Odyssey“ enthält Gespräche, die sie mit ehemaligen kriegsgefangenen Apachen und ihren Nachfahren geführt hat. Deren Erinnerungen und Geschichten sind ein eindrucksvoller Zugang zur Welt der Apachen.

Für die Beschreibung des Lebens von Mangas Coloradas ist die Veröffentlichung von Sweeney (1998) vermutlich die wichtigste Informationsquelle. Auch bei Cochise kommt man nicht an Sweeney und seiner mit dem Southwest Book Award ausgezeichneten Biografie über Cochise (1991) vorbei. Sie ist die wohl beste Arbeit über den Chiricahua-Häuptling. Beide Werke von Sweeney zeichnen sich durch immense Materialdichte mit vielen Details und einer lebendigen Schilderung aus.

Wer sich für Victorio interessiert, sollte auf Thrapp (1974) zurückgreifen. Da er sich aber vor allem auf die militärhistorischen Quellen stützt, ist die Darstellung von Chamberlain (2007) eine wertvolle Ergänzung. Sie berücksichtigt weit aus stärker auch die oralen Traditionen der Apachen. Unter den vielen Veröffentlichungen über Geronimo bleibt das fabelhafte Buch von Debo (2005) unverzichtbar.

Die erwähnten Bücher dürften nicht im hiesigen Buchhandel zu bekommen sein und müssten vermutlich im

Ausland bestellt werden. Diverse wissenschaftliche Bibliotheken werden diese Werke aber in ihrem Katalog führen. Das trifft zum überwiegenden Teil auch für die gesamte im Anschluss aufgeführte Literatur zu.

Ball, Eve (mit James Kaywaykla): In the Days of Victorio. Recollections of a Warm Springs Apache. Tucson, Arizona 1972.

Ball, Eve (mit Nora Henn und Lyndia Sanchez): Indeh: An Apache Odyssey. Provo, Utah 1980.

Barrett, Stephen M. (Hg.): Geronimo´s Story of his Life. Somerville, Tennessee 2010 (Original 1906).

Basso, Keith H.: Western Apache. In: Alfonso Ortiz (Hg.): Handbook of North American Indians, Band 10 / Southwest. Washington, D.C. 1983. S. 462-488.

Berkhoff, Anke: Machtverteilung bei den Apache. Eine Rekonstruktion des Geschlechterverhältnisses im 19. Jh. Bonn 1997.

Britten, Thomas A.: The Lipan Apaches – People of Wind and Lightning. Albuquerque, New Mexico 2009.

Cantley, Janet: Beyond Geronimo. The Apache Experience. Exhibition Catalogue. Phönix, Arizona 2012.

Capps, Benjamin: The great Chiefs. New York 1976.

Chamberlain, Kathleen P.: Victorio. Apache Warrior and Chief. Norman, Oklahoma 2007.

Cole, D.C.: The Chiricahua Apache, 1846-1876. From War to Reservation. Albuquerque 1988.

Cremony, John C.: Life Among the Apaches. Glorieta, New Mexico 1969 (Original 1868).

Davis, Britton: The Truth about Geronimo. Lincoln, Nebraska 1976 (Original 1929).

Davis, Mary B. (Hg.): Native America in the Twentieth Century. New York 1996.

Debo, Angie: Geronimo – The Man, His Time, His Place. London 2005.

Dockstader, Frederick J.: Great North American Indians: Profiles in Life and Leadership. New York 1977.

Griffin-Pierce, Trudy: Native Peoples of the Southwest. Albuquerque, New Mexico 2000.

Haley, James L.: Apaches. A History and Culture Portrait. Norman, Oklahoma 1997.

Hook, Jason u. Michael Johnson: Sioux, Apachen und ihre Kriegszüge. Königswinter 2010.

Lockwood, Frank: The Apache Indians. Lincoln, Nebraska 1987 (Original 1938).

Lutz, Gregor: 27 Jahre Kriegsgefangenschaft. Geronimo und der Apachen Widerstand. Norderstedt 2012.

Ogles, Ralph H.: Federal Control of the Western Apaches 1848-1886. Albuquerque, New Mexico 1970 (Original 1940).

Opler, Morris E.: An Apache Life-Way. The Economic, Social and Religious Institutions of the Chiricahua Indians. Lincoln, Nebraska 1996 (Original 1941).

Opler, Morris E.: The Apachean Culture Pattern and its Origins. In: Alfonso Ortiz (Hg.): Handbook of North American Indians, Band 10 / Southwest. Washington, D.C. 1983. S. 368-392.

Opler, Morris E.: Chiricahua Apache. In: Alfonso Ortiz (Hg.): Handbook of North American Indians, Band 10 / Southwest. Washington, D.C. 1983. S. 401-418.

Opler, Morris E.: Mescalero Apache. In: Alfonso Ortiz (Hg.): Handbook of North American Indians, Band 10 / Southwest. Washington, D.C. 1983. S. 419-439.

Perry, Richard J.: Apache Reservation. Indigenous Peoples and the American State. Austin, Texas 1993.

Sonnichsen, C.L.: The Mescalero Apaches. Norman, Oklahoma 1958.

Stockel, H. Henrietta: Women of the Apache Nation. Voices of Truth. Reno, Nevada 1991.

Sweeney, Edwin R.: Cochise: Chiricahua Apache Chief. Norman, Oklahoma 1991.

Sweeney, Edwin R.: Mangas Coloradas. Chief of the Chiricahua Apaches. Norman, Oklahoma 1998.

Sweeney, Edwin R.: From Cochise to Geronimo. The Chiricahua Apaches, 1874-1886. Norman, Oklahoma 2010.

Sweeney, Edwin R.: Cochise: Firsthand Accounts of the Chiricahua Apache Chief. Norman, Oklahoma 2014.

Terrell, John Upton: Apache Chronicle. New York 1972.

Thrapp, Dan L.: The Conquest of Apacheria. Norman, Oklahoma 1967.

Thrapp, Dan L.: Victorio and the Mimbres Apaches. Norman, Oklahoma 1974.

Tiller, Veronica E.V.: The Jicarilla Apache Tribe. A History, 1846-1970. Lincoln, Nebraska 1983.

Tyler, S. Lyman: Some Economic Aspects of Indian Contacts in the Spanish Southwest. In: Albert H. Schroeder (Hg.): The Changing Ways of Southwestern Indians. A Historic Perspective. Glorieta, New Mexico 1973.

Worcester, Donald E.: Die Apachen. Adler des Südwestens. Düsseldorf 1982 (amerik. Original: The Apaches. Eagles of the Southwest 1979).

Register

Abkürzungen:
N.M. = New Mexico, Ariz. = Arizona, Reserv. = Reservation, mexik. = mexikanische / mexikanischer

Bildnachweis

Library of Congress:
Abb. 7: LC-USZ62-86448, Abb. 8: LC-USZ62-86461, Abb. 9: LC-DIG-ppmsca-32294, Abb. 10: LC-DIG-cwpbh-03614, Abb. 12: LC-BH82-2903, Abb. 14: LC-USZ62-86460, Abb. 16: LC-USZ62-86459, Abb. 17: LC-USZ62-113750, Abb. 18: LC-USZ62-86449, Abb. 19: LC-USZ62-46639, Abb. 20: LC-DIG-cwpbh-03770, Abb. 21: LC-USZ62-35647, Abb. 22: LC-USZ62-46636, Abb. 23: LC-USZ62-46638, Abb. 24: LC-USZ62-86432, Abb. 25: LC-USZ62-11624, Abb. 26: LC-DIG-bellcm-10090, Abb. 27: LC-USZ62-86457

National Archives:
Abb. 3: 111-SC-85775, Abb. 4: 111-SC-82346, Abb. 5: 412-DA-1923, Abb. 6: 111-SC-85779, Abb. 15: 111-SC-83717, Abb. 28: 111-SC-85687, Abb. 29: 111-SC-85688

Rainer Kottmann: Abb. 1, Abb. 2

Mark A. Wilson: Abb. 13

Wikipedia: Abb. 11: (Fotograf unbekannt)

Sämtliche Abbildungen sind von den genannten Institutionen und Personen für den Abdruck frei gegeben bzw. ihre Schutzfrist ist abgelaufen. Gibt es dennoch anderweitige Ansprüche, sollten sich die Rechteinhaber über den Verlag mit dem Autor in Verbindung setzen.